W0011239

Aljoscha Long
Ronald Schweppe

Die Kunst,
einen Elefanten zu reiten

Aljoscha Long
Ronald Schweppe

Die Kunst, einen Elefanten zu reiten

Kaffeehausgespräche
über
das Glück
und
das Leben

Diederichs

Sollte diese Publikation Links auf Webseiten Dritter enthalten,
so übernehmen wir für deren Inhalte keine Haftung, da wir uns
diese nicht zu eigen machen, sondern lediglich auf deren Stand
zum Zeitpunkt der Erstveröffentlichung verweisen.

Penguin Random House Verlagsgruppe FSC® N001967

Copyright © 2021 Diederichs Verlag, München,
in der Penguin Random House Verlagsgruppe GmbH,
Neumarkter Str. 28, 81673 München
Umschlag: Zero Werbeagentur, München
Umschlagmotiv: FinePic
Druck und Bindung: Friedrich Pustet GmbH & Co. KG, Regensburg
Printed in Germany
ISBN 978-3-424-35117-0
www.diederichs-verlag.de

Inhalt

Balduin und Max
machen sich auf die Suche

Balduin traf sich mit seinem Freund Maximilian jeden Nachmittag, außer dienstags, Punkt drei Uhr im Café Hawelka im 1. Bezirk und trank dort einen großen Braunen.

Sie saßen drinnen, wenn es regnete oder kalt war, und draußen, wenn die Sonne schien. Sie plauderten über dies und das – es kam nicht darauf an, was. Als es fünf Uhr wurde, verabschiedeten sie sich und gingen nach Hause. Nun, manchmal trafen sie sich auch abends, manchmal am Morgen und manchmal gar nicht – beispielsweise am Dienstag, wenn Balduin am Konservatorium Cello unterrichtete. Doch die Regel war eben, dass sie sich trafen und plauderten.

Das klingt nicht sehr aufregend. Und das war es auch nicht. Aber wozu sich auch aufregen? Balduin genoss es eben, einfach mit seinem Freund im Café zu sitzen, seinen Braunen oder seine Melange zu schlürfen und über Belanglosigkeiten zu reden.

Es hätte immer so weitergehen können.

Aber das tat es nicht.

Balduin fand, dass er das ewig Gleiche nicht mehr so angenehm fand wie zuvor. Jeder Tag, der verging, nahm ein Stück des Genusses mit sich fort.

Doch es war Max, der schließlich meinte: »Sag mal, Balduin, geht es dir nicht auch so, dass du dich manchmal fragst, wozu wir eigentlich hier sind?«

»Um eine Melange zu trinken?«

Max wusste nicht, ob Balduin scherzte und runzelte die Stirn. »Ja, sicher. Aber ich meine … überhaupt. Wohin geht unser Leben? Ich programmiere langweiliges Zeug auf dem Computer, und du spielst immer denselben Kram auf deinem Cello. Was für einen Sinn hat das alles?«

Balduin sagte eine Weile gar nichts. So lange, dass Max schon dachte, sein Freund hätte ihm nicht zugehört. Balduin jedoch dachte nach. Richtig, was für einen Sinn hatte das Leben? Gab es so etwas wie einen Sinn überhaupt?

»Gibt es überhaupt so etwas wie einen Sinn?«

»Davon gehe ich aus. Irgendetwas muss es schließlich geben. Dass wir hier sitzen und Kaffee trinken, kann ja wohl nicht alles sein!«

»Natürlich nicht. Aber das ist ja auch nicht alles: Wir reden miteinander, wir sehen uns die Menschen auf der Straße an, wir atmen …«

»Jaja«, sagte Max ungeduldig. »Aber ist schauen und atmen genug?«

»Ich habe auch schon darüber nachgedacht.«

»Und?«

»Nichts.«

»Wie – nichts?«

»Mir fällt nichts ein. Was für einen Sinn sollte es denn geben? Wir leben, wir atmen und wir sterben. Das ist das Leben.«

»Das ist ziemlich wenig.«

»Schon.«

»Und?«

Balduin zuckte die Achseln.

»Eigentlich müssten wir doch glücklich sein, oder?«, fragte Max. »Bist du glücklich?«

»Im Großen und Ganzen schon. Aber du hast recht – irgendetwas sollten wir ändern.«

»Was denn und vor allem wozu? Wenn es sowieso keinen tieferen Sinn gibt?«

»Vielleicht besteht der Sinn des Lebens einfach darin, nach dem Glück zu suchen.«

»Und wo willst du es suchen?«

»Ich weiß nicht. Aber möglicherweise ist es das ja.«

»Was? Was ist ›das‹?«

»Naja, eben nach dem Glück zu suchen.«

Max tat noch etwas Zucker in seinen Kaffee. »Gute Idee!«, sagte er und lächelte etwas schief. »Also – wo fangen wir an?«

»Hier!«

»Wie – hier? Im Café?«

»Ja, auch. Aber eigentlich ist es egal. Wir machen etwas Neues und doch das Gleiche. Wir schreiben ein Buch über das Glück und werden Glücksforscher.«

Max grinste. Eine verrückte Idee – aber irgendetwas an dem, was Balduin gesagt hatte, berührte eine Saite in seiner Seele. Und es klang, als könnte es Spaß machen. »Das hört sich gut an. Und wie machen wir das?«

»Ganz einfach: Wir nehmen uns vor, uns im Glücklichsein zu üben. Und wir schreiben es auf.«

»Aufschreiben geht ja noch – aber meinst du wirklich, dass man Glücklichsein üben kann? Liliane zum Beispiel stürzt sich in jedes Vergnügen. Allerdings habe ich nicht das Gefühl, dass sie besonders glücklich ist. Und Ferdinand …«

»Ja, siehst du: Lili *übt* eben nicht, glücklich zu sein. Sie übt gar nichts, sie rennt einfach nur allem hinterher, wo sie das Glück vermutet.«

»Stimmt. Und wenn sie ankommt, ist das Glück schon weg!«

Balduin nickte. »Wir werden es anders machen. Wir üben uns in der Kunst des Glücklichseins. Und da haben wir auch schon etwas, was wir aufschreiben können.« Er kramte in seinen Manteltaschen und machte ein langes Gesicht. »Wenn wir nur Papier hätten …«

Max runzelte die Stirn und strich sich über die dunklen Locken. »Du willst doch nicht so schnell das Handtuch werfen!«, rief er. »Ich lauf geschwind hinüber in die Trafik und kaufe ein Heft …« Und schon war er aus der Tür.

Balduin musste nicht lange warten. Triumphierend warf Max das schwarze Schulheft auf den Tisch. Sein Freund zog seinen alten Füller aus der Tasche, öffnete das Heft bedächtig und schrieb oben auf die erste Seite:

Das Buch vom Glück.

Und darunter:

Glücklichsein kann man üben.

Und darunter:

Wenn man dem Glück hinterherläuft, ist es fort, wenn man ankommt.

Max sah ihm über die Schulter, während Balduin schrieb. »Gut!«

Balduin und Max hatten das Gefühl, dass sie einen wichtigen Schritt getan hatten. Sie lächelten und schüttelten sich die Hände.

Und schon fühlten sich die beiden ein wenig glücklicher.

Liliane entdeckt,
wie schön Vergesslichkeit ist

Liliane war eine alte Freundin von Balduin. Obwohl sie gar nicht alt war. Nur kannten sie sich eben schon viele Jahre. Doch trotzdem Balduin sie schon lange kannte, wusste er nie, in welcher Stimmung sie sich gerade befand. Lili war sehr wechselhaft. Manchmal strahlte sie, dass das Leuchten ihrer grünen Augen die ganze Umgebung aufhellte; dann wiederum war sie so traurig, dass ihre hellblonden Wuschelhaare dunkler zu werden schienen und man selbst ganz schnell traurig wurde.

Ihre Traurigkeit hatte freilich einen Grund. Genaugenommen sogar viele Gründe. Als sie ein ganz kleines Mädchen war, starb ihre Mutter. Sie konnte sich an ihre Mutter nur als dünne Frau erinnern, die mit gelbem Gesicht im Krankenhaus lag, und daran, wie ihr Vater immerzu weinte, wenn sie sie besuchten. Sie vermisste ihre Mama sehr. Und Papa war fortan nur noch traurig und mürrisch. Trotzdem liebte sie ihn über alles, denn er war nun alles, was sie noch hatte. Dann kam sie in die Schule. Sie ging nicht so gern dorthin, weil die anderen Kinder immer von ihren Eltern erzählten und sie noch mehr an ihre Mutter denken musste und daran, dass sie keine mehr hatte.

Als sie eines Tages von der Schule nach Hause kam, stand ein Polizeiauto vor der Tür. Auch Tante und Onkel, die sie nur einmal kurz gesehen hatte, waren dort und sprachen mit der Polizei. Ihr Vater habe einen Autounfall gehabt und sei jetzt bei Mama, sagte die Tante. Und Lili würde jetzt bei ihr und dem Onkel wohnen. Lili wollte es nicht glauben und schrie lange Zeit. Aber Tante und Onkel nahmen sie mit nach Hause, und Papa kam nicht wieder.

Sie sollte Mama zur Tante sagen. Der Onkel aber wollte nicht Papa sein, sondern Lilianes bester Freund. Manchmal, vor allem wenn Tante weg war, wollte er bei Lili im Bett schlafen, um mit ihr Papa und Mama zu spielen. Lili fand das erst blöd, dann eklig und dann ganz schrecklich. Aber sie traute sich nicht, irgendjemandem etwas zu erzählen, weil der Onkel sagte, dass sie dann ins Waisenhaus müsse, wo es nur trockenes Brot und Grießbrei zu essen gäbe und die Kinder geschlagen würden.

Als Lili sechzehn Jahre alt war, lief sie fort.

Und so war es eigentlich kein Wunder, dass Liliane oft sehr traurig war. Dafür war es aber vielleicht ein kleines Wunder, dass sie manchmal so fröhlich war und mit ihrer Fröhlichkeit andere Menschen ansteckte.

Wie machte sie das nur, wo sie doch viel Trauriges erlebt hatte? Balduin wollte das zu gern wissen – denn wenn Liliane glücklich sein konnte, kannte sie vielleicht ein Glücksgeheimnis, das es wert war, in das Glücksbuch geschrieben zu werden.

»Lili, du strahlst heute ja wieder!«, begrüßte Balduin sie, als sie am folgenden Tag im Café Hawelka auftauchte. »Setz dich doch mal zu mir. Ich muss dich etwas fragen.«

»Ja, gern. Aber nur kurz. Ich muss gleich weiter. Also schieß los.«

»Das ist keine leichte Frage …« Balduin suchte nach den richtigen Worten und entschied sich dann, nicht lange herumzureden. »Wie machst du es, so zu strahlen? Du wirkst wirklich glücklich!«

Liliane lachte. »Danke, das ist wohl als Kompliment gemeint. Aber schwierig ist die Frage wirklich. Warum ich heute glücklich bin?«

»Naja, nicht nur heute. Aber gut: Warum bist du heute glücklich?«

»Heute bin ich glücklich, weil ich nicht traurig bin.« Liliane zwinkerte ihm zu.

Balduin sah sie an. Sie lächelte nicht nur, sondern sie strahlte. Es war nicht etwa so, dass die traurige Lili nur ein fröhliches Lächeln aufgesetzt hatte. Und trotzdem musste die traurige Lili irgendwo sein, oder? Das war jedoch etwas, das er sie lieber nicht fragen wollte. Er freute sich natürlich, dass sie glücklich war. Oder sollte er sie doch auf ihre Vergangenheit ansprechen? Nein, das wäre keine gute Idee.

Liliane sah Balduin forschend an. Er spürte gleich, dass sie ihn durchschaut hatte. »Du fragst dich wohl, warum ich manchmal glücklich bin, obwohl es mir im Leben nicht immer besonders gut gegangen ist?«

Balduin nickte vorsichtig.

Ein kleiner Schatten stahl sich auf Lilis Gesicht. Aber gleich erschien das Strahlen wieder. »Eigentlich genau aus dem Grund, den ich dir genannt habe: Ich bin glücklich, weil ich nicht traurig bin. Also wenn ich nicht an Tante und Onkel denke. Es ist schön, etwas Unschönes zu vergessen.«

»Und jetzt habe ich dich dran erinnert!«, erwiderte Balduin bedrückt.

»Ach, Balduin, jetzt zerbrich dir bloß nicht den Kopf. Das macht gar nichts. Manchmal bin ich einfach in Vergesslichkeitsstimmung, und dann geht's mir gut. Ich frage mich, ob ich die Vergesslichkeit nicht üben sollte …«

Lili brach in Lachen aus, und Balduin lachte mit. Vergesslichkeit üben!

Aber tatsächlich vergaßen sie kurz darauf, über was sie gesprochen hatten, als Max ins Kaffeehaus kam und von seiner Idee erzählte, einen Zirkus zu gründen. Wieder einmal eine seiner verrückten Ideen! Max hatte jedoch schon ganz genaue Vorstellungen, die er nun vor ihnen ausbreitete.

Plötzlich sprang Lili auf. »Mensch, Leute, ich hab ganz die Zeit vergessen. Ich muss jetzt sausen. Ciao ciao!« Und schon wirbelte sie aus dem Café.

»Lili war ja heute gut drauf!«, meinte Max.

»Ja. Und deshalb habe ich sie gleich nach ihrem Geheimnis gefragt. Und sie hat gesagt: ›Ich bin glücklich, wenn ich nicht traurig bin.‹ Ich bin mir nicht sicher, ob das etwas für unser Glücksbuch ist.«

»Naja, das ist doch eher so, als wenn du wissen möchtest, was Lila ist und jemand sagt dann: ›nicht Gelb und nicht Grün‹.«

»Hm, ich weiß nicht. Aber sie hat eigentlich noch etwas anderes gesagt. Was war das noch mal? Ah ja: ›Ich frage mich, ob man Vergesslichkeit üben kann.‹«

Max lachte nicht, sondern legte die Stirn in Furchen. »Hm … das klingt erst einmal absurd. Aber weißt du, ich glaube da hat sie etwas ganz Wichtiges gesagt. Vielleicht kann man tatsächlich üben, Schlimmes zu vergessen. Und das wäre doch wirklich ein großer Teil des Glücks!«

»Mensch, Max, ich glaube, du hast recht!«, rief Balduin und zog das Heft heraus und schrieb:

Wer sich darin übt,
das Schlechte zu vergessen,
erinnert sich an das Glück.

»Danke, Max. Du bist eben doch der Schlauere von uns beiden!«

»Ach Quatsch, vergiss es …«

Balduin und Max lachen sich eins

Als Balduin ins Café Hawelka kam, sah er zu seiner Verwunderung, dass Max puterrot im Gesicht war und ihm die Tränen übers Gesicht liefen. Beunruhigt trat er zu seinem Freund und fasste ihn an der Schulter.

»Was ist los, Max? Ist etwas Schlimmes passiert?«

Max sah ihn an und prustete. Da erst merkte Balduin, dass sein Freund nicht traurig war und die Tränen und das rote Gesicht ganz im Gegenteil von unterdrücktem Lachen herrührten.

»Ich habe gerade einen Witz gehört«, brachte Max schließlich heraus.

»Erzähl!«

»Eigentlich ist er ziemlich albern. Aber …« Max begann zu kichern. Als er sich wieder beruhigt hatte, erzählte er: »Gendarm Moser macht seine übliche Patrouille, als er einen Mann mit einem Pinguin an der Hand sieht. Die beiden kommen direkt auf ihn zu. ›Entschuldigen's Herr Wachtmeister, hätten Sie vielleicht eine Idee, wohin ich mit meinem Pinguin gehen könnt?‹ Moser muss nicht lang überlegen. ›Na, bringen's ihn doch nach Schönbrunn, in den Tiergarten!‹ ›Ach ja, das ist eine gute Idee! Vielen Dank!‹ Der Mann zieht seinen Hut und geht mit seinem Pinguin in Richtung Zoo. Am nächsten Tag staunt Moser nicht schlecht, als er wieder dem Mann mit seinem Pinguin begegnet. ›Geh hörn S', ich dachte Sie wollten gestern Ihren Pinguin in den Zoo bringen?‹ ›Ja‹ strahlt der Mann. ›Da waren wir gestern. Und heut gehn wir ins Kino!‹«

Max prustete wieder los, und Balduin lachte laut auf. Die anderen Gäste des Café Hawelka guckten schon, und der Ober schüttelte den Kopf.

»Jetzt musst du aber auch einen Witz erzählen!«, forderte Max, als sie sich wieder beruhigt hatten.

»Hmm, ich weiß nicht … Naja, ein ganz kurzer fällt mir ein: Muffek trifft seinen Nachbarn. Der schaut ihn böse an und sagt: ›Haben Sie gestern nicht gehört, wie wir stundenlang gegen die Wand gehämmert haben?‹ Muffek darauf: ›Ach, mein Lieber, das macht doch gar nichts – wir haben eh gerad kräftig gefeiert!‹«

Max traten die Tränen in die Augen. Nun war er wieder an der Reihe, einen Witz zu erzählen. »Jesus geht durch die Wüste. Da sieht er plötzlich einen alten blinden Mann mit wallendem weißen Haar und Bart. ›Ich suche meinen geliebten Sohn!‹ Jesus bietet an, bei der Suche zu helfen: ›Wie sieht dein Sohn denn aus, woran kann man ihn erkennen?‹ Der Alte darauf: ›Er hat Löcher an Händen und Füßen, dort, wo man die Nägel hineingeschlagen hat!‹ Jesus: ›Vater!‹ Der Alte: ›Pinocchio!‹«

Balduin prustete los.

Und so ging das eine ganze Weile.

Schließlich meinte Max: »Weißt du, was auch komisch ist? Dass ich heute, als ich ins Hawelka kam, schlechte Laune hatte. Meine Tante rief mich heute morgen an, und ich musste mir stundenlang anhören, welcher Nachbar wieder nicht höflich genug war, dass sie die Leber wieder zwickt und dass ich sie viel zu selten besuche. Aber nachdem ich den Pinguin-Witz gehört habe, war meine schlechte Laune wie weggeblasen.«

»Ja, mir geht es ähnlich. Ich hatte ein bisschen Kopfschmerzen. Und dann sah ich dich mit rotem Gesicht und Tränen in den Augen und dachte sofort, dass etwas Schlimmes passiert sein müsste. Aber als du mir den Witz erzählt hast, war meine Stimmung gleich viel besser. Und die Kopfschmerzen sind inzwischen auch weg.«

»Vielleicht sollten wir das in unser Glücksbuch schreiben?«

»Du hast recht.« Balduin zog das Heft heraus. »Aber was schreibe ich? Witze machen glücklich? Das klingt albern.«

»Aber wenn's doch stimmt!«

»Nicht so voreilig. Sind es die Witze oder ist es nicht eher das Lachen?«

»Aber das ist doch eins wie's andere.«

»Nein«, beharrte Balduin. »Man kann auch lachen, ohne dass man einen Witz hört.«

»Du meinst, wenn man einfach so, ohne Grund, lacht?«

»Das habe ich jetzt eigentlich nicht gemeint. Aber du hast schon recht: Wie wäre es, wenn man einfach mal ohne Grund lacht?«

»Das ist albern.«

»Probieren wir es doch einfach mal aus!«

»Na gut. Du fängst an.«

»Du kannst das besser.«

»Quatsch. Nun lach schon!«

Balduin und Max sahen sich an. Plötzlich mussten beide loslachen.

Und das fühlte sich gut an.

Balduin schrieb in sein Heft:

Lachen macht glücklich.

Dabei musste er lächeln. Und er schrieb:

Lächeln auch.

Als er abends zu Bett ging, dachte er noch einmal darüber nach und schlief zufrieden, mit einem breiten Grinsen auf dem Gesicht, ein.

Ferdinand lernt,
die Handbremse zu ziehen

Ferdinand war berüchtigt dafür, dass er an allem etwas auszusetzen hatte. Wenn es regnete, war seine Stimmung trüb, wenn die Sonne schien, klagte er über die Gefahren von Hautkrebs. Der Kaffee war entweder zu heiß, zu kalt, zu süß oder zu bitter. Seine Freundinnen waren nie lange mit ihm zusammen. Was ihm ganz recht war, denn sie waren zu dünn, zu dick, zu schüchtern, zu laut, zu dumm, zu intellektuell, zu groß, zu klein, zu häuslich, zu sehr auf Partys aus, geldgierig oder geizig. Aber nicht nur Frauen, sondern alle Menschen waren in seinen Augen Spinner, Dummköpfe, Besserwisser, Kapitalisten, Kommunisten, blauäugig oder zu skeptisch. Ferdinand war kein glücklicher Mensch, das war klar. Allen, außer ihm selbst: Er behauptete über sich selbst, nur ein Realist mit offenen Augen zu sein.

»Warum lässt er dieses ständige Hadern nicht einfach?«, meinte Balduin zu Max. »Er macht sich doch nur das Leben schwer.«

»Wenn das so einfach wäre! Schau doch mal uns beide an: Ich werde viel zu schnell wütend, und du hast selbst gesagt, dass du zu faul bist.«

»Ja, das stimmt schon. Aber immer nur negativ zu sein – das muss doch wehtun.«

»Natürlich macht negatives Denken unglücklich! Das sollten wir in unser Buch schreiben.«

Balduin zog das Heft heraus, doch dann zögerte er. »Was

schreibe ich denn? Negatives Denken macht nicht glücklich? Das ist aber nicht sehr positiv.«

»Dann schreib halt: Positiv denken macht glücklich.«

»Aber das habe ich schon. Weißt du noch …?«

In diesem Moment öffnete sich die Tür. »Schau mal, da kommt ja der Ferdinand!«

Mit beschwingten Schritten betrat Ferdinand das Café Hawelka. Er strahlte. Balduin und Max sahen sich verwundert an und warteten auf einen abfälligen Kommentar. Aber Ferdinand lächelte nur und setzte sich zu ihnen. »Hallo, die Herren! Findet ihr nicht auch, dass heute ein schöner Tag ist?«

Max stotterte: »Was ist los, Ferdinand? Bist du verliebt?«

»Ach nein, das nicht gerade. Aber ich habe eine Entdeckung gemacht!«

»Erzähl!«, riefen Balduin und Max wie aus einem Mund.

»Ist euch schon mal aufgefallen, dass ich oft ziemlich negativ drauf war?«

Balduin und Max sahen einander verstohlen an und grinsten. Ferdinand hob fragend die Augenbrauen.

»Du wirst es nicht glauben – aber gerade haben wir genau darüber gesprochen!«

Ferdinand grinste nun ebenfalls. »Ich kann es mir schon denken … Aber jetzt zu meiner Entdeckung: Ich habe bemerkt, dass ich zu meinen Gedanken einfach ›Nein!‹ sagen kann.«

»Und das funktioniert?«, fragte Max ungläubig.

»Nicht sofort. Aber es gibt zwei Tricks. Einmal darf ich nicht böse auf meinen inneren Kritiker sein …«

»Innerer was?« Balduin sah Ferdinand mit großen Augen an.

»Das kennst du sicher auch: Du tust etwas, aber eine innere Stimme, die ein Teil von dir ist sagt: ›Nein, lass das‹ oder ›Das kannst du sowieso nicht‹. Oder wenn du dich selbst kritisierst. Tust du das nie?«

Balduin dachte daran, wie er heute lange vor dem Spiegel gestanden und sich für seine krumme Haltung gescholten hatte. »Doch, das kommt mir bekannt vor.«

»Ich habe lange nicht erkannt, dass ich nett zu meinem inneren Kritiker sein sollte«, fuhr Ferdinand fort. »Mir ist schon aufgefallen, dass ich vielleicht – nein, nicht vielleicht, sondern sicher – zu viel rumgenörgelt habe. Und manchmal habe ich dann zu mir gesagt: ›Hör schon auf, Blödmann!‹ Aber das hat dann nur dazu geführt, dass ich noch unglücklicher war.«

»Und dann?«

»Dann hab ich's mal mit Freundlichkeit probiert. Vielleicht klingt das albern. Aber ich habe eben nicht mehr ›Blödmann‹ zu meinem Mecker-Selbst gesagt, sondern ›Aufpasser‹. Ich habe die negativen Gedanken freundlich angesprochen und sie als kritische Aufpasser betrachtet, die achtgeben, dass ich keinen Quatsch mache.«

»Das hört sich gut an. Und mal ehrlich: Dieses ganze Negativsein war doch sowieso ziemlich überflüssig, oder?«, warf Max ein.

»Meistens schon. Aber nicht immer. Manchmal ist es sinnvoll, die Dinge mit etwas Skepsis zu betrachten. Du hast natürlich schon recht: Die Regel sollte das nicht sein. Aber als ich jetzt freundlicher zu mir selbst gesprochen hatte, fiel es mir plötzlich viel leichter, das ständige Herumkritisieren und Verurteilen einfach mal bleiben zu lassen.«

»Das hört sich großartig an. Aber ich wundere mich immer noch, dass es so einfach war«, sagte Balduin.

»Leicht ist mir das am Anfang nicht gefallen. Aber damit, nett zu meinen eigenen Gedanken zu sein, fühlte ich mich schon viel besser. Und dann habe ich einfach probiert, immer wieder ›Halt! Später!‹ zu sagen, wenn solche Gedanken auftauchten.«

»Und das funktionierte?«, fragte Max ungläubig.

»Nicht sofort. Aber der Trick ist, einfach stur zu sein. Zuerst habe ich jede Minute ›Halt!‹ gesagt. Dann hat es manchmal fünf Minuten gedauert. Und irgendwann, letzte Woche, ist es meinen skeptischen Aufpassern wohl zu dumm geworden. Und jetzt machen sie ihren Job wirklich gut.«

Ferdinand grinste über das ganze Gesicht. Es war offensichtlich, dass er zufriedener war, als Balduin und Max ihn jemals gesehen hatten.

»Das müssen wir feiern!«, rief Balduin und bestellte eine Runde Heurigen.

Dann zog er sein Heft heraus und schrieb:

Sprich freundlich mit dir selbst und lehre deine negativen Gedanken Geduld – dann kommt das Glück häufiger zu Besuch.

Fröhlich tranken die Freunde und fröhlich verabschiedeten sie sich.

Und abends, vor dem Schlafengehen, überlegte Balduin, wie er von nun an freundlicher zu seiner Trägheit sein könnte …

Liliane lächelt,
wenn sie tanzt

Als Balduin eines Abends von einer Geburtstagsfeier nach Hause ging, begegnete er unvermittelt Liliane – der strahlenden Liliane. Sie umarmte ihn und küsste ihn auf beide Wangen.

»Ahoi Lili!«, lachte Balduin. »Du siehst wieder blendend aus. Und es scheint dir recht gut zu gehen.«

»Das kannst du wohl sagen! Mir geht es fabelhaft. Aber ich komme auch gerade vom Tanzen.«

»Aha …« Balduin verstand nicht sofort, was das Tanzen mit Lilianes Fröhlichkeit zu tun haben sollte.

Liliane sah ihm das sofort an. »Na, schau: Ich bin eben immer gut drauf, wenn ich mich bewege. Das habe ich aber erst vor Kurzem entdeckt. Komisch, nicht wahr?«

»Ich weiß nicht. Ich gehe nur selten zum Tanzen. So alle zwanzig Jahre einmal.«

»Mensch Balduin! Ich weiß, dass Männer ein bisschen tanzfaul sind – aber was ist am Tanzen eigentlich so schlimm?«

»Schlimm nicht. Soweit ich mich noch erinnern kann …«

»Weißt du was? Morgen gehen wir zusammen aus!«

»Aber ich muss doch abends ins Orchester!«

»Blöd, du bist ja Abendarbeiter. Dann übermorgen? Donnerstag hast du doch immer frei, oder?«

Warum eigentlich nicht, dachte Balduin. Das ist mal was Neues. »Na gut, prima. Ich hol dich ab – um acht?«

»Lustig wird's eigentlich erst später. Komm um zehn, okay?«

Jetzt wollte er auch keinen Rückzieher mehr machen. »Na gut. Also dann bis übermorgen, Lili!«

Auf was hatte er sich da eingelassen! Aber gut: zumindest mal etwas Neues, das war nie schlecht. Und dann würde er vielleicht erfahren, warum Lili durch das Tanzen in so gute Stimmung kam. Vielleicht sprang eine Idee für das Glücksbuch dabei heraus.

Am Donnerstagabend, Punkt zehn, holte Balduin Liliane ab. Lili sah nicht mehr so glücklich aus wie zwei Tage zuvor.

»Ahoi Lili!« Er umarmte sie und küsste sie auf die Wangen.

»Hallo«, antwortete sie matt. »Im Büro war's den ganzen Tag wieder schrecklich. Hoffentlich wird das heute Abend etwas. Tut mir leid, aber ich bin nicht gerade in bester Stimmung.«

Balduin begann, sich ein wenig unwohl zu fühlen. »Kopf hoch, Lili – jetzt geht's doch zum Tanzen! Und hast du nicht gemeint, dass das deine Stimmung hebt?«

Offensichtlich hatte er das Richtige gesagt, denn Liliane sah schon nicht mehr ganz so bedrückt aus.

»Ja, hoffen wir mal das Beste!« Und sie lächelte sogar ein wenig.

Und dann tanzten sie. Zuerst fühlte sich Balduin seltsam. Er hatte schließlich lange nicht mehr getanzt. Und noch nie so wild und zu solcher Musik. Aber er bemerkte, dass Liliane schon nach kurzer Zeit ganz verändert war. Sie lachte, und von ihrer schlechten Stimmung war nichts mehr zu bemerken. Blöd war nur, dass sie sich gar nicht unterhalten konnten – dafür war die Musik zu laut.

Ach, war das anstrengend! Aber er freute sich über Lilis gute Laune. Für ihn jedoch war das Tanzen nichts. Er schwitzte, es war laut und heiß. Schon merkwürdig, dass es Liliane so guttat. Was blieb ihm anderes übrig, als gute Miene zum bösen Spiel zu machen? Und so tanzte er den ganzen Abend.

Und dann merkte Balduin allmählich, wie das Schwitzen, die laute Musik und die Hitze ihm immer gleichgültiger wurden. Je länger er tanzte, desto intensiver spürte er, wie sein Körper mit der Musik verschmolz. Er fühlte sich in seinem Körper mehr zu Hause als jemals zuvor. Je erschöpfter er war, desto mehr tanzte sein Körper für ihn. Da war kein Platz für irgendetwas anderes als die Musik und die Bewegung in seinem Geist. Er vergaß die Zeit.

Früh am Morgen, es wurde schon ein wenig hell, brachte er Liliane nach Hause. Als er in seiner Wohnung ankam, schaffte er es gerade noch, sich zu duschen. Dann wankte er ins Schlafzimmer, fiel völlig erschöpft ins Bett und löschte das Licht. Oh Mann, war er fertig. Aber er fühlte sich rundum zufrieden und ganz frei von Sorgen.

Hoppla! Plötzlich war er wieder ganz wach. Er schaltete die Lampe an und nahm sein Glücksheft in die Hand.

Glück ist, sich mit seinem Körper ganz verbunden zu fühlen.

Dann, noch ein wenig zufriedener, machte er das Licht wieder aus, schloss die Augen und träumte wilde, süße Träume.

Balduin
im Prater

Den Prater in Wien kennt die ganze Welt. Vor allem das Riesenrad, das nun schon über hundert Jahre lang eines der Wahrzeichen der Stadt ist. Tausende von Touristen kommen jedes Jahr, um den Wiener Prater zu sehen, mit dem Riesenrad zu fahren und die Stadt von oben zu betrachten.

Nur Balduin war noch niemals in seinem Leben dort gewesen.

Warum? Aus keinem bestimmten Grund. Er war einfach nie dazu gekommen.

Aber heute – heute kam er dazu.

Er fuhr in den 2. Bezirk, die Leopoldstadt, schlenderte ein wenig in den Praterauen umher, dann kam er in den Wurstelprater, besuchte den Kalafati, den »großen Chineser«, und stand schließlich vor dem Biletthäusl am Riesenrad. Und dann ging's hinauf. Mit jedem Meter, den er nach oben stieg, breitete sich das Bild der Stadt weiter vor seinen Augen aus. Eine unaussprechliche Freude stieg in ihm auf, und sein Herz begann schneller zu schlagen. Balduin konnte nicht sagen, woher dieses plötzliche Glücksgefühl kam. Doch er fühlte sich mit einem Mal sehr sehr glücklich – obwohl er doch nur die Stadt von oben sah. Was war schon dabei?

Dann, als die Gondel schließlich mit einem Ruckeln ganz oben angekommen war, fühlte er sich, als wären ihm Flügel gewachsen. Tränen stiegen in seine Augen. Sein Herz tanzte vor Freude. Das ganze Grün! Er hatte gar nicht gewusst, wie grün die Stadt war. So etwas Schönes und Lebendiges, so schien es Balduin, hatte er noch nie gesehen!

Er wusste, er würde wiederkommen.

In der folgenden Nacht träumte er, er sei ein Vogel und schwebte voller Lebenslust über den Dächern und immer höher und höher hinauf. Mit einem beglückten Lächeln im Gesicht wachte er auf.

Natürlich würde er wieder in den Prater gehen und mit dem Riesenrad fahren. Gleich heute!

Gesagt, getan.

Wieder ließ er sich nach oben tragen, während sich das Bild der Stadt vor seinen Augen weitete. Diesmal konnte er es ruhiger genießen – weniger aufgeregt. Und wieder war es wunderschön.

Am folgenden Tag fuhr er ein drittes Mal hinauf. Merkwürdig. Es war beeindruckend, die Stadt unter sich zu sehen. Warum aber musste es so lange dauern, bis die Gondel ganz oben war?

Am Tag darauf war Balduins Bedürfnis, mit dem Riesenrad zu fahren, nicht mehr so groß. Aber er fuhr dennoch. Schon als er die Gondel bestieg, merkte er, dass seine Entscheidung ein Fehler war. Natürlich war alles ganz wunderbar. Die Stadt von oben, nett. Aber die lange Fahrt von Hietzing in die Leopoldstadt, das lange Warten, bis die Gondel nach einer halben Ewigkeit endlich oben war und dann wieder die endlose Abfahrt …

Balduin wunderte sich. Er schloss die Augen. Vor ein paar Tagen war das alles doch ein großes, herzberührendes Abenteuer gewesen. Und jetzt, wo er genau dasselbe machte, war es nicht mehr dasselbe.

War es etwa so, dass jede Freude abstumpft? Musste das so sein?

Balduin war traurig, denn er spürte, dass etwas Wunderbares verloren war. Vielleicht für immer.

Natürlich gab es auch noch andere Genüsse. Er könnte sich eine Theateraufführung anschauen oder mit Liliane zum Tanzen gehen. Mit Max eine Nacht lang Wein trinken. Lernen, auf einem Pferd zu reiten – oder auf einem Elefanten.

Wenn aber schließlich alles fad wird und man die Freude ohnehin verliert, was hat es dann für einen Sinn, ihr nachzulaufen?, dachte Balduin. *Vielleicht ist das wirklich völlig sinnlos.*

Aber dann hatte er auch eine etwas hoffnungsvollere Idee. Was, wenn Genüsse wie Menschen ausruhen müssten? Vielleicht brauchte dieses Schöne seinen Schönheitsschlaf, aus dem es dann so schön wie zuvor erwachte? Und wäre es eifersüchtig, wenn er sich etwas anderem Schönen zuwandte, während es sich ausruhte?

Balduin beschloss, den Versuch zu machen. Die nächsten Tage ging er nicht in den Prater. Am ersten Tag hatte er keine Lust. Stattdessen ging er mit Liliane auf ein Fest und tanzte die ganze Nacht. Ein wunderbarer Abend war das. Und Liliane wollte gleich am nächsten Tag wieder zum Tanzen. Balduin wollte schon Ja sagen, als er sich besann: Das Genussvolle brauchte vielleicht seinen Schönheitsschlaf. Also vertröstete er seine Freundin auf ein anderes Mal, was ihm nicht leichtfiel.

Am zweiten Tag dachte er wieder kurz an den Prater und ans Riesenrad, doch bei der Vorstellung kam keine rechte Begeisterung auf. Und so ging er mit Florian, seinem Neffen, in den Zirkus und amüsierte sich köstlich. Florian wäre am liebsten gleich noch in die nächste Vorstellung gegangen. Aber Balduin dachte an seinen Vorsatz, keinen Spaß sofort zu wiederholen. Der Schönheitsschlaf!

Am dritten Tag wurde er neugierig, als er an den Prater dachte. Doch es war immer noch nicht so weit. Hatte er nicht davon geträumt, wie ein Vagabund in einer warmen Sommernacht im Park unter den Sternen einzuschlafen? Warum eigentlich nicht?

Es war eine herrliche Nacht. Balduin hatte eine warme Decke mitgebracht, die er auf der Parkbank ausbreitete. Er machte es sich darauf gemütlich und lag nun tatsächlich auf der Parkbank, guckte in den Himmel und dachte sich, dass er jede warme Sommernacht so verbringen wollte. Aber noch nicht die nächste Nacht!

Nach einer Woche überkam ihn auf einmal wieder große Lust, mit dem Riesenrad zu fahren. Aber er wartete. Die Sehnsucht wuchs. Balduin blieb eisern.

Als er schließlich, einen ganzen Monat später, wieder hinauffuhr, lachte er vor Freude so laut auf, dass ihn die anderen Leute verwundert ansahen. Ja, es war wunderbar hier. Jeden Meter, den er nach oben fuhr, genoss er.

Und sein Herz öffnete sich erneut der Schönheit.

So einfach war es also. Morgen würde er wieder mit Liliane tanzen gehen, nächste Woche mit Max nach Budapest, nach München oder gleich ans Meer fahren, mit Florian etwas Schönes unternehmen – und in einem Monat wieder in den Prater und mit dem Riesenrad fahren und die ausgeruhte Freude genießen.

Und als er am nächsten Tag Max im Café Hawelka traf, sagte er: »Weißt du, was ich festgestellt habe: Das Glück ist keine Dame, sondern ein Harem – während die eine ruht, kann dich eine andere erfreuen. Aber jede Haremsdame braucht ihren Schönheitsschlaf.«

Max sah ihn amüsiert an. »Wie in ›Tausendundeine Nacht‹ …« Nach kurzem Nachdenken schüttelte er den Kopf. »Aber so geht das nicht. Du magst ja einen Harem wollen. Aber wie ist das mit Lili? Und was denken die Haremsdamen?«

»Da hast du natürlich recht. Wie wär's mit: Das Glück ist nicht wie eine Badewanne voller Leckerbissen, sondern wie ein guter Koch, der dich jeden Tag mit einer neuen Speise überrascht.«

»Das klingt besser, aber auch ein wenig verfressen. Warum so kompliziert? Schreib doch einfach:«

Das Glück liegt in der Abwechslung, nicht im Überfluss.

Und so stand es kurz darauf auch im Glücksheft.

Die Kunst,
einen Elefanten zu reiten

Balduin hatte sich schon eine Weile vorgenommen, mit seinem Neffen etwas zu unternehmen. Vielleicht würden sie in den Zirkus gehen? Nein, da waren sie doch erst gewesen. Oder ins Museum – nein, nicht ins Museum, da langweilte sich Florian bestimmt. Jungs wollten etwas erleben! Am besten fragte er Florian selbst.

So besuchten sie also den Tiergarten Schönbrunn. Der Junge kam aus dem Staunen nicht heraus. Die Giraffen! Und die Tiger! Die Kängurus! Und dann kamen sie zu den Elefanten. Balduin waren die Elefanten immer ein wenig langweilig erschienen, doch für Florian waren sie das Allerallerallerbeste im ganzen Zoo. Nein, er wollte nicht weiter. Nein, er wollte nicht die Affen sehen, sondern bei den Elefanten bleiben. Er wollte ihnen noch ein paar Äpfel und Bananen geben, die sie mit ihren weichen Rüsseln ganz vorsichtig aus seiner Hand nahmen.

Balduin erzählte, dass die Elefanten in Indien angesehene Arbeiter waren; sie trugen Bäume und Steine. Dort, wo kein Lastwagen vorankam, konnten Elefanten große Lasten tragen. Und wie ein Lastwagenfahrer seinen Lastwagen fährt, so gab es dort Elefantenführer, die Mahouts, die auf den Elefanten ritten, sie lenkten und ihnen sagten, was sie zu tun hatten.

»Onkel Balduin, ich wünsche mir einen Elefanten zum Geburtstag!«

Balduin lachte, doch Florian meinte es ganz ernst. »Ich will einen Elefanten, auf dem ich zur Schule reiten kann!«

»Aber Florian, was soll er denn machen, wenn du in der Schule bist, oder abends, wenn du ins Bett gehst?«

»Er könnte im Park wohnen. Und im Sommer kann ich bei ihm bleiben.«

»Und im Winter?«

»Da kann er in unserer Garage bleiben. Das Auto friert ja nicht.«

Balduin versuchte Florian zu erklären, dass das alles nicht möglich war. Aber es half nichts. Florian wollte partout seinen Elefanten! Er wollte unbedingt ein Mahout werden. Wenn er nur den Elefanten bekäme, würde er sich niemals mehr etwas zum Geburtstag und zu Weihnachten wünschen. Schließlich begann er zu weinen und ließ sich nicht mehr beruhigen.

»Komm, lass uns ein Eis essen – und über Elefanten sprechen.«

Das war eine gute Idee. Beim Gedanken an einen großen Eisbecher leuchteten Florians Augen, und er hörte auf zu weinen.

Balduin ergriff die Gelegenheit, während sie zum Kaiser-Pavillon in der Mitte des Tiergartens gingen, um über die vielen köstlichen Eissorten zu sprechen. Florian schien die Elefanten ganz vergessen zu haben. So lange, bis der Eisbecher halb leer war. Dann aber traten die Elefanten wieder in seine Gedanken.

»Onkel, es wäre so schön, wenn ich einen Elefanten hätte. Dann könnte ich dich mit ihm besuchen …« Er spann seine Gedanken immer weiter, und Balduin ließ ihn gewähren. Doch dann begann Florian erneut zu weinen.

Balduin versuchte es nun anders: »Weißt du was? Wir können einmal nach Indien fahren, wenn du mit der Schule fertig bist. Dann bist du auch groß genug, um auf einen Elefanten zu klettern!«

Florian wischte sich die Tränen aus den Augen. »Oh ja! Wann ist das denn?«

»Nun, das dauert noch ein wenig, aber bis dahin kannst du schon mal alles lesen, was du über Elefanten wissen musst.«

Immerhin hatte er jetzt Florians Aufmerksamkeit gewonnen. Er erzählte alles, was er über Elefanten wusste, und ein paar Dinge, die er sich ausgedacht hatte. Er wackelte mit den Ohren und tat so, als wäre der Strohhalm, der im Eisbecher steckte, sein Elefantenrüssel. Schließlich lachte Florian sogar.

»Weißt du was? Jetzt schauen wir uns noch einmal die Elefanten an!«

Natürlich war sofort wieder alles beim Alten: Florian wollte einen Elefanten haben und nach Indien reisen, um dort zu lernen, wie man auf ihm ritt.

»Ohne deine Eltern?«

Florian zögerte ein wenig.

»Stell dir vor, wie du später nach Indien fährst und wie du dann das erste Mal auf einen Elefanten steigst … Und du weißt genau Bescheid und wirst ein guter Elefantenführer.«

Florian hörte auf zu weinen.

Balduin hingegen hörte nicht auf zu reden. Er sprach über Indien, über ferne Länder, über abenteuerliche Reisen … und fürchtete, wenn er zu reden aufhörte, käme Florian wieder auf den Geburtstagselefanten. Aber Florian war ganz gefesselt von den Erzählungen – vor allem, weil Balduin immer wieder davon sprach, dass er das alles einmal selbst erleben würde. Als Balduin seinen Neffen nach Hause brachte und sich von ihm verabschiedete, hoffte er inständig, dass seine Eltern nun nicht die geweckte Abenteuerlust ausbaden mussten.

Auf dem Weg nach Hause dachte er nach. Florian war richtig wütend und überhaupt nicht glücklich gewesen, als er nicht bekommen hatte, was er wollte. Und wann war er wieder froh gewesen? Als er ein Eis spendiert bekam? Nein – als sie auf dem Weg dahin waren. Und dann wollte er wieder den Elefanten und war ganz traurig. Aber warum war die Traurigkeit danach wieder wie ausgelöscht? Schließlich hatte er ihn nicht bekommen, den Elefanten. Aber dafür hatte er sich darauf gefreut – auf die vielen Abenteuer und Elefanten, die in Indien auf ihn warteten.

Ja, das war es! Die Vorfreude! Die Vorfreude war ganz wichtig für das Glücklichsein, ganz besonders dann, wenn man wütend oder traurig war.

Balduin erinnerte sich an seine eigenen Wünsche, Hoffnungen und Träume. Und es stimmte: Die Vorfreude ist die größte Freude. Komisch. Aber wenn er in seinen Erinnerungen forschte, stimmte das vollkommen. Balduin zog das Notizheft heraus und schrieb:

Vorfreude besiegt die Wut. So findet man auf den Weg zum Glück zurück.

Am Abend begann er zu überlegen, auf was er sich selbst noch alles freute. Die ersten Dinge, die ihm einfielen, waren: Max morgen im Kaffeehaus zu treffen und mit Florian bald einmal wieder in den Zirkus zu gehen. Und glücklicherweise gab es da noch sehr viel mehr. Ohne dass er es merkte, breitete sich ein großes Lächeln in seinem Gesicht aus.

Franzl flieht
aus dem Gefängnis

Franz kam nur selten ins Hawelka, und darüber waren Balduin und Max nicht besonders traurig. Zu Franzls Lieblingsbeschäftigungen gehörte nämlich das Jammern, und auch heute haderte er wieder einmal mit seinem Schicksal. »Das Leben ist einfach grausam«, erklärte er gerade Max, als Balduin ins Café kam und sich zu ihnen setzte. »Was hätte ich nicht alles werden können, wenn ich nur als Kind etwas Rechtes gelernt hätte. Zum Beispiel Cello! Dann könnte ich heute ein richtig guter Musiker sein, so wie du, Balduin. Dann hätte mein Leben einen Sinn.«

Balduin fasste ihn beruhigend an der Schulter. »Ach Franzl, klar, Musik ist was Schönes – aber ich kann dir sagen, so ein Spaß ist es auch nicht, immer wieder den gleichen Kram zu spielen und stundenlang in der muffigen Oper zu hocken. Und es gibt doch so viel anderes!«

»Ja, da hast du recht«, erwiderte Franz bitter. »Tausende von Dingen. Und jedes einzelne davon ist etwas, das ich nicht kann.«

Halb neugierig, halb belustigt fragte Max: »Na, was kannst du denn noch alles nicht?«

Franz sah Max lange traurig an und sagte dann. »Du verstehst das vielleicht nicht. Es mag ja sein, dass du keine Träume hast. Aber ich eben schon. Warum bin ich nicht Balletttänzer, Tiefseeforscher oder Schauspieler geworden?«

»Du wärst wohl gern George Clooney«, warf Balduin ein.

»Ja. Und wenn schon. Ich gebe es wenigstens zu. Warum haben andere so viel Glück und ich bin nur so mittelmäßig?«

Balduin schüttelte den Kopf. »Was hat das mit Glück zu tun?«

»Ist George Clooney vielleicht absichtlich der große George Clooney geworden?«

»Nein, ich meine: Wieso glaubst du denn überhaupt, dass mittelmäßige Menschen nicht glücklich sein können?«

»Es kommt auch darauf an, was du mit dem machst, was du hast«, ergänzte Max. »Wenn du dick bist, kannst du abnehmen. Wenn du ein Instrument spielen willst, kannst du es lernen.«

»So schlau bin ich auch. Das hört sich nett an, aber nehmen wir doch nur mal das Äußere: Mein Großvater hatte einen Bauch und eine Glatze, mein Vater eine Glatze und einen Bauch und ich komme entweder nach meinem Vater oder nach meinem Großvater. Und ein Instrument spielen – das will ich meinen Nachbarn nicht antun. Wenn ich Mozart wäre, wär das was anderes. Die Gene bestimmen, was ich bin!«

Max zog die Brauen hoch: »Aha – und was haben sie denn so bestimmt, die Gene?«

»Dass ich unbedeutend bin, eine Neigung zu Bauch und Glatze habe, nicht besonders groß bin und dazu noch völlig unmusikalisch.«

Balduin konnte es nicht mehr mit anhören. »Und dass du so negativ denkst, haben die Gene auch einfach so bestimmt?«

»Ja! Da kann ich gar nichts machen. Und jetzt will ich euch nicht länger belästigen.« Franz hatte sich ziemlich in Rage geredet. Unvermittelt stand er auf und ging davon.

»Puh! Der Franzl war aber heute wieder ziemlich anstrengend. Der arme Kerl. Ob er das mit den Genen wirklich glaubt?«, fragte Balduin seinen Freund Max.

»Ich fürchte, er hat da nicht völlig unrecht. Ich bin zwar kein Wissenschaftler, aber immerhin Programmierer. Und ich stelle mir vor, es ist so ähnlich wie mit dem Betriebssystem bei einem Computer. Es ist vermutlich tatsächlich so, dass die Gene sehr viel mehr als nur Augen- und Haarfarbe bestimmen.«

»Aber ob wir glücklich sind, legen die Gene nicht fest!«

»Bist du sicher?«

»Nö.«

Am nächsten Tag, wie sollte es anders sein, saßen die beiden Freunde wieder im Café Hawelka. Plötzlich tauchte Franz auf. Aber wie verändert war er!

»Hallo, ihr beiden!«, rief er und setzte sich zu ihnen, über das ganze Gesicht strahlend.

Balduin und Max sahen sich erst gegenseitig und dann Franz an.

»Ich habe beschlossen, aus dem Gefängnis zu fliehen!«, erklärte Franz geheimnisvoll.

Die Fragezeichen in Balduins und Maximilians Augen wurden immer größer.

»Weil ich einen Astrophysiker gesehen habe.«

»Also ich zumindest verstehe jetzt gar nichts mehr«, sagte Max. Balduin staunte nur, sagte aber nichts. Doch beide zweifelten allmählich an Franzls Geisteszustand.

»Ich denke nämlich gar nicht daran, mich zum Sklaven meiner Gene zu machen!«

Die beiden Freunde atmeten auf. Das klang schon viel besser.

»Woher kommt der Sinneswandel?«, fragte Balduin.

»Sind's nun etwa doch nicht die Gene, die dein Leben bestimmen?«, ergänzte Max.

»Naja, vielleicht schon. Das ist aber eigentlich egal, wie viel die Gene ausmachen. Viel wichtiger ist, was sie *nicht* ausmachen. Ich habe gestern einen Vortrag des Astrophysikers Stephen Hawking gehört. Den kennt ihr sicher. Er hatte diese schlimme Muskelkrankheit. Genetisch bedingt. Er ist ja nun leider vor ein paar Jahren gestorben – aber die Ärzte hatten ihm vor vierzig Jahren gesagt, dass er nur noch wenige Jahre hätte. Er hat ihre Voraussagen Lügen gestraft. Das ist doch ein Vorbild.«

»Das finde ich prima, dass du das so siehst!«, sagte Balduin erfreut.

Max, der grundsätzlich etwas kritischer war, meinte: »Ja, schon – aber dass Stephen Hawking so war wie er war, das könnte natürlich auch wiederum an seinen Genen gelegen haben.«

Balduin trat seinen Freund unter dem Tisch ans Schienbein. Aber Franz ließ sich von Max nicht aus der Ruhe bringen.

»Okay, aber Stephen Hawkings Geschichte ist nur der erste Teil. Der wichtigere ist, dass mir klar wurde, es gibt jemanden, der genau die gleichen Gene hat wie ich!«

Jetzt staunten Balduin und Max aber.

»Du hast einen Zwillingsbruder?«, rief Max. »Das hast du uns nie erzählt!«

»Nö, weil ich ja keinen habe.«

»Aber …«

»Nein: Ich selbst und ich selbst gestern und ich selbst morgen – wir haben alle die gleichen Gene. Und trotzdem sind wir verschieden. Die Gene sind also ganz bestimmt nicht alles!«

»Da hast du wirklich etwas sehr Interessantes gesagt!«, erwiderte Balduin nachdenklich.

»Ja, das finde ich auch«, meinte Franz lächelnd. »Und jetzt

geh ich mal wieder und überlege, was ich für mein Morgen-Ich machen kann, damit es glücklich ist!«

Balduin hatte inzwischen das Heft herausgezogen. Er schrieb:

Glücklich ist, wer erkennt, dass er selbst im Gefängnis frei ist.

Max las den Satz ein paarmal. Dann nickte er und begann zu lächeln.

Balduin sieht genau hin

Allein war es im Café Hawelka nur halb so schön. Max war in die USA zu seiner Tante geflogen, und Balduin vermisste ihn. Der düstere Novemberhimmel, der kalte Regen aus grauen Wolken und der eisige Wind machten es auch nicht besser. Balduin spürte, wie Langeweile und Missmut in ihm aufstiegen, wie kaltes, schmutziges Wasser aus den Abwasserleitungen. Und er hatte schon den halben Tag lustlos am Cello gesessen; das reichte für heute.

Aber dann erinnerte er sich: Er war doch Glücksforscher! Er zog das Heft mit den Notizen aus der Tasche und blätterte ein wenig darin. Ja, da waren durchaus ein paar gute und wertvolle Dinge dabei. Balduin fühlte sich schon ein bisschen besser. Er bestellte sich noch einen großen Braunen und ein Croissant.

Winzige Regentröpfchen nieselten auf den Gehweg vor dem Café. Wo sich eine Pfütze gebildet hatte, konnte er, wenn er genau hinsah, erkennen, wie die Tröpfchen in dem winzigen See einschlugen und sich Miniaturwellen ausbreiteten. Ein buntes Herbstblatt trieb am Rand der Pfütze; beinahe wie eine alte runzlige Hand sah es aus, mit großen Altersflecken. An der gelben Seite war das Blatt leicht nach oben gebogen, und seine Rückseite spiegelte sich in der Pfütze. Das Blatt zitterte unter den Wassertröpfchen, die darauf herabfielen, und das Spiegelbild seiner Rückseite zitterte noch ein wenig mehr, da auch das Wasser in Bewegung war. In der Pfütze war noch mehr zu sehen. Die zitternden Reflexionen der Häuser, der geparkten Autos und der leicht gebückte Gang der die Mäntel oder Jacken enger an sich pressenden Passanten. Jeder ging ein wenig anders. Frauen anders als Männer, Unzufriedene anders als Verliebte. Ein Radfahrer in einem weiten Regenumhang näherte sich, und einen winzigen Augenblick lang spiegelte sich die Welt in seiner Brille unter der Kapuze. Als er durch die Pfütze fuhr, entstand ein Tsunami in dem winzigen Meer. Das Rad nahm das rot-gelbe Blatt eine Runde mit sich, bevor es wieder freigegeben wurde. Zerrissen lag es ein Stück weit von der Pfütze entfernt.

Der Nieselregen war im Augenblick nur ganz schwach. Aber Balduin konnte trotz der Geräusche im Café das leise, kaum wahrnehmbare Rauschen hören, das immer wieder von lauterem Rauschen unterbrochen wurde, wenn ein Auto vorbeifuhr. Und auch das charakteristische Pitschpatsch der Fußgänger.

Er schloss die Augen. Nun hörte er alles noch deutlicher. Er saß nahe am Fenster, das offenbar nicht gut isoliert war, denn er spürte einen kaum wahrnehmbaren kühlen Luftzug. Die Stimmen im Café traten aus dem verschwommenen Raunen hervor und wurden zu einzelnen Personen. Löffel klimperten in Tassen, kurz nachdem ein kleines Geräusch reißenden Papiers und darauf ein kurzes Rauschen anzeigten, dass ein Zuckertütchen aufgerissen und sein Inhalt in den Kaffee geschüttet worden war. Dazwischen Schritte. Die harten

Sohlen des Kellners, der geschäftig zwischen den Tischen umhereilte und die Bestellungen brachte. Die weicheren Sohlen der Gäste, nass und quietschend, wenn sie kamen, nur noch feucht und schlurfend, wenn sie das Café verließen. Das Scharren von Füßen unter den Tischen. Die Geräusche wurden von den verschiedensten Gerüchen untermalt. Natürlich der alles übertönende Kaffeeduft. Aber nun nahm Balduin nach und nach auch die Aromen von Schokolade, Strudelteig, feuchtem Leder, Parfüm, dem Holz des Bodens, Brot und die ganz individuellen Gerüche von Menschen wahr.

Balduin hielt die Augen geschlossen und wanderte mit seinen Ohren und seiner Nase durch das Café, in die Küche, nach draußen …

Immer tiefer drang er mit Ohren und Nase in die Welt ein, die ihn umgab. Als er die Augen wieder öffnete, war alles bunter, lebendiger, klarer als bisher. Je genauer er hinsah, desto mehr sah er, je konzentrierter er hinhörte und roch, desto intensiver hörte und roch er.

Alles war gut und wunderschön, sogar an diesem grauen Novembertag. Selbst das Grau war nicht trübe und monoton, sondern ein Wechselspiel der unterschiedlichsten Farbtöne. Balduin fühlte sich friedlich, glücklich und zu Hause in der Welt.

Erstaunt stellte er fest, dass eine volle Tasse Kaffee und ein Kipferl auf seinem Tisch standen. Er hatte die Schritte und den Duft zwar bemerkt, aber war so sehr in den Genuss des Hörens und Riechens eingetaucht, dass er es nicht mit etwas Persönlichem in Verbindung gebracht hatte. Der Kaffee war kalt, aber das machte nichts. Er hatte seinen Duft mehr genossen als sonst den Geschmack beim Trinken.

Draußen, vor dem Kaffeehaus, war es mittlerweile dunkel geworden. Wie die Zeit verflogen war!

Und Balduin schrieb in das Heft:

Glücklich ist, wer genau hinsieht.
Die Welt ist bunt und voller Wunder.

Als er nach Hause ging, öffnete er seine Sinne und genoss den kühlen Regen und den Novemberduft der herabgefallenen Blätter.

Ein Kind verrät Balduin ein Geheimnis

Jetzt hatte es doch noch geschneit! Und in vier Tagen war Weihnachten. Endlich wieder mal ein weißes Weihnachtsfest. Balduin und Max stapften mit roten Backen und Schnee an den Schuhen ins Café Hawelka, um sich noch einmal in diesem Jahr zu treffen. Max wollte mit seiner Freundin nach Kitzbühel zum Skifahren und Feiern; die beiden waren eben frisch verliebt …

Max und Balduin hatten jeweils ein bunt verpacktes Weihnachtspäckchen für den anderen mitgebracht. Sie überreichten sich die Geschenke, ermahnten den anderen, das Päckchen ja nicht vor Weihnachten zu öffnen und dachten beide insgeheim, dass sie zu Hause sofort nachsehen würden. Sie waren schließlich keine kleinen Kinder mehr.

Es wurde ein ausgelassener Abend, und die beiden Freunde verabschiedeten sich herzlich.

»Bis nächstes Jahr!«, rief Balduin Max nach, als er in der Dunkelheit nach Hause stapfte.

Am Abend lag Max' Päckchen verführerisch auf dem Tisch.

Gerade wollte er der Versuchung nachgeben und es öffnen, als ihm einfiel, dass er noch kein Geschenk für seinen Neffen Florian besorgt hatte. Er dachte an den Zoobesuch im Sommer zurück. Ein Elefant wäre wohl das Beste, dachte Balduin und schmunzelte. Aber was könnte er ihm denn wirklich schenken? Er hätte ihm gern ein kleines Cello besorgt, aber Florian hatte bisher nie besonderes Interesse am Musizieren gezeigt. Und er wollte ihn schließlich nicht quälen. Ein Spielcomputer? Nein, zu blöd. Ein Buch? Naja. Ein Stofftier? Quatsch, dafür war Florian zu alt. Am besten fragte er Florian selbst.

Am folgenden Nachmittag besuchte Balduin seinen Bruder. Florian freute sich sehr über den Besuch – Onkel Balduin war sein Lieblingsverwandter.

»Na Florian, was wünscht du dir zu Weihnachten?«

Florian antwortete wie aus der Pistole geschossen: »Einen Elefanten!«

Balduin wurde blass. Aber Florian lachte. »War nur Spaß!«

Balduin war erleichtert. »Na, was dann?«

Florian überlegte eine Weile und sagte dann: »Eine Überraschung.«

»Hmm, sag mir doch mal fünf Dinge, die du dir wünschst. Eines davon ist die Überraschung.«

»Nein, das ist dann keine Überraschung mehr. Keine richtige Überraschung. Weißt du, Onkel, es gibt ganz doofe Geschenke wie den Mickymaus-Schlafanzug, den mir Tante Frieda zum Geburtstag geschenkt hat. Und ganz tolle, wie die Autorennbahn von Papa. Aber die hatte ich mir gewünscht und wo wir im Spielzeugladen waren, hat Papa so geheimnisvoll getan und eine große Schachtel mitgenommen. Da hab ich halt schon gewusst, dass ich die Rennbahn bekomme, ich bin ja nicht blöd. Ich hab mich natürlich trotzdem gefreut. Aber die Überraschungsfreude war nicht mehr da. Die größte

Überraschung war dann der Fotoapparat, den Mama mir geschenkt hat. Da war die Freude eben noch größer.«

Balduin dachte darüber nach, was Florian ihm da erzählt hatte. Und je länger er darüber nachdachte, desto mehr fand er, dass ihm sein Neffe ein wichtiges Geheimnis verraten hatte: Dass es gut ist, sich Überraschungen zu erhalten. Das hatte er selbst noch nie so deutlich gesehen. Als Kind nicht und nicht als Erwachsener. Jetzt war er froh, dass er Max' Geschenk noch nicht geöffnet hatte.

»Danke Florian, du hast mir einen guten Rat gegeben!«

»Welchen denn?«

»Das bleibt ein Geheimnis. Aber zu Weihnachten bekommst du …«

»Nein Onkel, das darfst du mir nicht sagen. Hast du denn gar nicht zugehört?«

»… eine Überraschung!«

»Au fein!«

Nun, das war leichter gesagt als getan. Eine angekündigte Überraschung, gab es so etwas überhaupt? Aber Balduin konnte listig sein, wenn er nur wollte. Er bat seinen Bruder, dass der »aus Versehen« sagen sollte, was Balduin Florian schenken würde – aber das würde natürlich nicht stimmen. Dieser kleine Trick war der erste Teil der Überraschung.

Und am nächsten Tag glaubte Florian, er wüsste, dass ihm Onkel Balduin einen neuen Rennwagen für die Rennbahn schenken würde. Man konnte ihm ansehen, dass er ein bisschen enttäuscht war, auch wenn er es sich nicht allzu sehr anmerken ließ, weil er seinen Onkel sehr mochte. Und er konnte nichts dafür, dass Papa sich verplappert hatte. Aber das Geschenk war trotzdem ganz prima …

In Wirklichkeit hatte Balduin nach langem Nachdenken

und nach Beratungen mit seinem Bruder ein Fahrrad besorgt; ein BMX-Rad, mit allem Drum und Dran. Aber die Überraschung sollte schon etwas größer werden. Also schrieb Balduin ein Rätsel auf, mit dem Florian eine Schatzkarte finden konnte – und mithilfe dieser Schatzkarte würde er dann das Fahrrad im Schlafzimmerschrank der Eltern finden.

Der Weihnachtsabend kam. Weihnachtslieder wurden gesungen. Der Tannenbaum war wunderschön geschmückt, und Florians Augen glänzten, wie nur Kinderaugen unter dem Tannenbaum glänzen können. Und das, obwohl er zu wissen glaubte, was Onkels »Überraschung« war.

Florian öffnete das Päckchen, das gerade so groß war wie die Schachtel für die Autos der Rennbahn. Ganz genau sogar – denn Balduin hatte eine Originalverpackung besorgt.

Florian versuchte, überrascht zu sein.

»Oh, toll. Ein Rennwagen.« Aber er klang nicht sehr überzeugend.

»Magst du ihn dir nicht anschauen?«, fragte sein Vater.

Halbherzig öffnete Florian die Schachtel. Seine Augen wurden groß. »Aber … da ist nur ein Papier drin!« Er las, und seine Augen wurden noch größer. »Dort, wo die Schatzinsel ist, ist auch ein Zauberer. Dort findest du das, was du brauchst, um den Schatz zu finden.«

Balduin sorgte sich, dass das ein bisschen zu schwierig sein könnte. Natürlich war es einfach, wenn man es wusste: In Florians Zimmer stand »Die Schatzinsel« neben »Harry Potter« und dort hatte Balduin die Schatzkarte, die Florian zu seinem neuen Fahrrad führen sollte, versteckt. Aber Florian war wirklich nicht auf den Kopf gefallen. Als er »Zauberer« las, dachte er sofort an »Harry Potter« – und »Die Schatzinsel« hatte er auch erst vor kurzer Zeit gelesen. Und tatsächlich! Dort war eine Schatzkarte … Die war auch nicht einfach zu lesen, aber es dauerte nicht lang, und Florian stand vor seinem neuen Fahrrad.

Er brachte kein Wort heraus, so sehr freute er sich. Aber dann umarmte er Balduin und sagte: »Das war die allerallerallertollste Überraschung, die es gibt!«

Und das wiederum war das schönste Weihnachtsgeschenk für Balduin.

Als er dann spät abends nach Hause kam, schrieb er noch in das Glücksheft:

*Glückliche Menschen
sorgen für Überraschungen.*

Und Max' Geschenk würde er noch nicht auspacken. Dann konnte er die Überraschung noch ein wenig auskosten.

Balduin und Max im Garten der Gefühle

Als Balduin und Max ins Café Hawelka kamen, sahen sie ganz hinten rechts eine Gestalt, die ihnen bekannt vorkam. Der junge Mann saß mit hängenden Schultern in seiner Ecke und starrte missmutig auf seine Kaffeetasse.

Max und Balduin sahen sich an.

»Jan!«, riefen beide. Sie kannten Jan schon ziemlich lange. Und so lange sie ihn kannten, war er griesgrämig. Sie zögerten ein wenig, bevor sie an seinen Tisch traten. Es war nie besonders einfach mit ihm. Aber andererseits wollten sie ihn nicht so sitzen lassen und wenigstens versuchen, ihn ein wenig aufzumuntern.

»Hallo Jan!«, sagte Max.

»Stört's dich, wenn wir uns zu dir setzen?«, fragte Balduin.

»Hm«, brummte Jan.

Die beiden Freunde beschlossen, das als Aufforderung anzusehen, sich zu setzen. Balduin bestellte einen großen Braunen und Max eine Melange. Langsam kamen sie mit Jan ins Gespräch. Er hatte Liebeskummer. Der arme Kerl – klar war er da nicht bester Stimmung. Balduin und Max versuchten, ihn zu trösten. Leicht war das nicht. Aber wenigstens ein kleines bisschen schien das Gespräch ihn doch aufzumuntern. Er lächelte sogar die alte Dame freundlich an, die sich an den Nebentisch gesetzt hatte.

Als Balduin auf das Glücksbuch zu sprechen kam und darauf, dass er und Max nach dem Glück forschten, brach es aus Jan hervor: »So ein Quatsch. Das könnt ihr euch sparen. Glücklichsein ist reine Glückssache!«

»Meinst du, dass alles nur vom Zufall abhängt? Und dass man also gar nichts dafür tun kann, glücklicher zu sein?«, fragte Balduin vorsichtig.

»Na, mit Verlaub: Was kann man denn schon tun? Heute Morgen zum Beispiel. Da mach ich mir einen Kaffee und die Zuckerdose fällt runter. Natürlich mir auf den Fuß. Und eine Riesensauerei auf dem Fußboden. Danach will ich mir die Schuhe anziehen, und natürlich reißt der Schnürsenkel, und …«, Jan schlürfte seine Melange, »… in der Melange ist zu viel Milch.«

Die alte Dame vom Nebentisch sah Jan streng an. »Junger Mann, jetzt hören's doch auf zu jammern. In der Melaaange ist zu viel Miiiilch!« Sie imitierte Jans nölenden Tonfall so gut, dass Max und Balduin sich nur mit Mühe ein Lachen verkneifen konnten. »Haben Sie denn noch nie das Sprichwort gehört: Jeder ist seines Glückes Schmied?«

Jan sah sie grimmig an. »Danke für den Hinweis, gnädige Frau. Immer fest mit dem Hammer auf das Schicksal einschlagen, dann wird alles wunderbar …«

Er sprang auf und verließ das Café Hawelka mit dem Ausdruck eines Menschen, dem ein großes Unrecht angetan wurde und der nun heldenmütig und einsam seinen Weg geht. Die beiden Freunde und die Dame vom Nebentisch sahen ihm ein wenig verwundert nach.

»Nun ja, Ihr Freund hat auch nicht ganz unrecht«, meinte die alte Dame. »Nicht mit seinem Lamentieren – nein. Aber das Sprichwort ist tatsächlich ein wenig blöd.«

Balduin und Max sahen sie neugierig an.

»Mit Gewalt erreicht man beim Glück gar nichts. Das Glück muss man pflegen wie eine zarte Blume.«

Sie horchten auf. Das war ein schöner Satz für ihr Buch über das Glück.

»Sehen Sie, junger Mann«, sagte sie an Max gewandt, während Balduin nach dem Schreibheft kramte, »ich habe einen Garten und herausgefunden, dass es mit den Blumen des Glücks so ist wie mit den wirklichen Blumen. Man muss sie lieb haben. Aber auch wieder nicht zu viel, um sie nicht zu zerdrücken. Auf's genaue Gleichgewicht kommt es an: Es braucht die richtige Pflege und die richtige Menge Wasser. Ab und zu muss man das Unkraut jäten, das den Blumen Licht und Nahrung wegnimmt. Da darf man sich auch nicht ärgern, wenn das Unkraut immer wieder nachwächst – dann muss man es eben wieder und wieder ausrupfen.«

Die Dame nahm einen kleinen Schluck von ihrem Verlängerten und fuhr fort. »Am allerwichtigsten ist aber, dass man nur dann Blumen bekommt, wenn man auch Blumensamen gesät hat. Schau'n Sie: Wenn Sie Gras säen, sollten Sie nicht grantig werden, wenn dann keine Rosen wachsen.«

Sie sah auf die Uhr. »Oh mei, jetzt hab ich aber viel geredet und die Zeit darüber vergessen.« Sie winkte dem Ober und zahlte. »Nett, mit Ihnen gesprochen zu haben. Auf Wiedersehen, meine Herrn!«

Balduin und Max, die dem Vortrag der alten Dame gebannt gelauscht hatten, verabschiedeten sich artig von ihr.

Dann schrieb Balduin ins Heft:

Die Samen des Glücks säen – so entsteht Glück. Die Samen pflegen und Unkraut jäten – so blüht das Glück auf.

Und darauf bestellten die beiden noch ein Viertel Blaufränkischen und pflegten ein wenig ihr Glück.

Die Freuden des Mexikaners

In der Oper, wo Balduin am letzten Pult an seinem Cello saß, stand José an seinem Bass. José war erst vor Kurzem an die Oper gekommen, direkt aus Mexiko. Balduin und José waren sich von Anfang an sympathisch. Doch es dauerte eine Weile, bis sie Freundschaft schlossen – denn José sprach wenig Deutsch, Balduin noch weniger Spanisch und überhaupt waren ausführliche Gespräche während der Proben oder gar in den Aufführungen nicht gern gesehen.

Eines Abends jedoch, nach einer eher mittelmäßigen Traviata, klopfte José Balduin auf die Schulter, als der gerade sein Cello in den roten Koffer packte.

»Hola, Balduin. Hat Lust, morgen zu mich kommen? Gute mexikanisch Essen!«

»Klar. Super. Gerne!« Balduin freute sich aufrichtig; nicht nur darauf, José näher kennenzulernen, sondern auch auf das mexikanische Essen. Er konnte sich nicht recht etwas darunter vorstellen – aber er war immer neugierig.

Am nächsten Tag nahm Balduin eine gute Flasche Rotwein aus seiner Weinsammlung und machte sich auf den Weg zu José. Als dieser die Tür aufmachte, duftete es bereits verführerisch und exotisch.

»Entra!«, sagte José. »Komme rein. Essen ist gleich präpariert.«

Balduin trat ein und überreichte José den Wein.

»Oh serr gutt! Passt gut zu die Albóndigas.«

José war als Koch mindestens so gut wie als Bassist. Er hatte eine ganze Reihe mexikanischer Köstlichkeiten vorbereitet. Balduin lief das Wasser im Mund zusammen, als José die Speisen auftrug.

Es gab Albóndigas con Chile Habanero, Cochinita Pibil, Mole Poblano und zum Nachtisch Morelianas. Balduin staunte nur noch, als José all diese Speisen benannte: Er hatte noch nicht einmal die Namen gehört.

José erklärte: »Albóndigas ist Fleischklösschen, bisschen scharf. Cochinita Pibil, Schweinstücke, Mole Poblano, Truthuhn mit Sauce von Chili, Gewürze und Schokolade, Morelianas ist Oblaten mit Cajeta … ist gebrannte Ziegenmilch, serr gutt!«

»Truthahn mit Schokolade?«

José lachte. »Ja, aber nicht wie Sachertorte. Ganz wenig nur.«

Balduin hatte mittlerweile den Wein geöffnet und schenkte ein, während ihm José Albóndigas auf den Teller häufte.

»Bisschen scharf. Hoffe ich, dass du magst.«

Balduin, der gut gewürzte Speisen liebte, nickte und nahm den ersten Bissen. Seine Augen begannen sofort zu tränen, und er lief rot an. Ohne ein weiteres Wort griff er nach dem Weinglas und leerte es in einem Zug.

»Das ist ja höllisch scharf!«, japste er. »Wie kannst du das nur essen?«

José sah ihn besorgt an. »Ist zu scharf? Ich extra hab nicht so scharf gemacht wie zu Haus.«

Balduin sah ihn ungläubig an. »Was? Das ist sonst noch schärfer?«

José grinste. »Klar. Das ist alles Gewöhnung. Schau, als Kind ich fand Bitterschokolade ekelig. Heute mag ich dunkel Schokolade am besten. Bei uns kleine Kinder essen Chili. Ohne Chili schmeckt nicht.«

»Ja, das muss man wohl als kleines Kind lernen.«

»Ich glaube nicht. Alles Gewöhnung.«

»Du meinst, man kann lernen, alles Unangenehme angenehm zu finden? Nicht nur scharfes Essen, sondern auch die anderen Schärfen des Lebens? Ich bin zum Beispiel recht faul und habe schon einen kleinen Bauch. Und manchmal denke ich, ich sollte jeden Tag ein bisschen laufen. Aber ich finde Jogging schrecklich. Du meinst, ich kann lernen, Jogging zu lieben?«

»Claro!«

»Oder mein Bäuchlein?«

»Claro!«

»Das wäre ja eine gute Sache. Weißt du was? Du lädst mich jetzt jede Woche zum Essen ein und machst das Essen immer ein bisschen schärfer – mal sehen, ob ich mich daran gewöhne …«

Balduin hatte das natürlich nicht ganz ernst gemeint, doch José sagte wiederum nur: »Claro!«

Und dann grinste er. »Noch eine Teller Albóndigas?«

»Sind die anderen Sachen auch so scharf?«, fragte Balduin vorsichtig.

»Nein, mach keine Sorge. Mole Poblano nur bisschen scharf.«

Balduin guckte skeptisch.

»Nein, wirklich!«, beteuerte José. »Keine Problem für Gringo!« Er grinste breit. »Und Cochinita gar nicht scharf und Morelianas ist süsse.«

Vorsichtig probierte Balduin das Truthahngericht. Ach war das lecker! Nach den Albóndigas kam ihm die leichte Chilischärfe richtig angenehm vor – anscheinend hatte er sich schon ein wenig an das mexikanische Essen gewöhnt. Und der leichte Schokoladengeschmack war zwar ungewohnt, aber sehr interessant. Die Cochinata war gar nicht scharf und die Morelianas köstlich. José kochte wirklich erstklassig. Vielleicht konnten sie sich tatsächlich jeden Samstag abwechselnd zum Essen einladen. Er selbst kochte auch ganz passabel …

José brachte eine zweite Flasche Wein aus dem Keller. Dann, schon ziemlich beschwingt, gingen sie in Josés Musikzimmer und improvisierten ein wenig mit Klavier und Bass. Es war ein schöner Abend, und sie verabschiedeten sich als gute Freunde.

Doch bevor Balduin ins Bett ging, nahm er das Schreibheft zur Hand und notierte:

Wer lernt, Unangenehmes als angenehm zu empfinden, ist dem Glück schon ein Stückchen näher gekommen.

Dann löschte er das Licht und träumte von großen Hüten und feurigen Señoritas.

Lili
am Lido

Balduin und Max saßen ausnahmsweise mal nicht im Ha-welka. Sie waren am Wienerberg spazieren gegangen, da-nach im Schanigarten des Café Friends eingekehrt und ge-nossen Schinkenfleckerln. Es war ein herrlicher Sommertag.

Mit einem Mal ertönte ein lautes Hallo. Lili, mit einem gro-ßen gelben Sonnenhut auf dem Kopf und einem beinahe ebenso großen Lächeln auf ihrem Gesicht, kam an ihren Tisch.

»Hallo Balduin, hallo Max! Was macht ihr denn hier, ihr Kaffeehäusler?«

Die beiden lächelten sie an. »Ja weißt du, manchmal haben wir Ausgang.«

Insgeheim wunderten sich beide ein wenig. Lilis Laune war in der Regel nicht so rosig. Ihr Job war anstrengend, sie selbst auch, und meistens war ihre Einstellung eher fatalistisch.

»Und wie läuft's in deinem neuen Job?«, fragte Max – und hätte sich gleich darauf am liebsten auf die Zunge gebissen, als er sah, wie dunkle Wolken über Lilis Gesicht huschten. Aber anscheinend herrschte gerade ein außerordentlich günstiger Wind, der die launischen Wolken sofort wieder vertrieb.

»Naja, geht schon«, sagte Lili. »Ich verbringe jetzt mittags eine Stunde im Strandbad am Donaupark. Einfach die Augen zu und nichts tun. Ich glaube, ich war noch nie so entspannt!«

»Du siehst auch prima aus«, stellte Balduin fest.

»Ich fühl mich auch prima. Ich weiß schon, ich kann manchmal ziemlich stressig sein.«

»Nein, nein«, beeilten sich Balduin und Max zu versichern.

Lili lächelte sie an. »Ach, macht mir doch nichts vor, Jungs. Manchmal habe ich einen Anfall von Selbsterkenntnis. Und ich bin oft ziemlich krampfig; das merk ich dann selber. Aber echt – das Strandbad wirkt Wunder. Zumindest bei mir. So, jetzt muss ich wieder weiter.«

»Was war denn das?«, fragte Max, sobald Liliane auf ihrer roten Vespa davongebraust war.

»Auf jeden Fall was Gutes«, meinte Balduin. »So lustig habe ich sie sonst höchstens nach dem Tanzen gesehen!«

»Und ich noch gar nicht«, ergänzte Max, was ein bisschen ungerecht war.

»Vielleicht passt das in unser Buch.«

»Sommer, Sonne, Strandbad machen glücklich«, sagte Max ironisch.

»Stimmt das denn nicht? Sommer und Sonne machen doch wohl jeden ein bisschen glücklich!«, verteidigte sich Balduin.

»Und Strandbad.«

»Aber mal im Ernst: Weißt du was der wichtigste Unterschied bei Lili war?«

»Der Hut?«

»Quatsch. Sie war so entspannt. Das ist mir am meisten aufgefallen«, meinte Balduin.

»Stimmt.«

»Und ich glaube, dass das nicht allein am Sommer und an der Sonne liegt. Und auch nicht am Strandbad.«

»Na, also ein bisschen wohl schon.«

»Mag sein. Aber vor allem hat sie es geschafft, sich endlich mal richtig zu entspannen. Und deshalb ist sie heute so gut drauf.«

»Möglicherweise hast du recht«, erwiderte Max nachdenklich.

»Das können wir doch gleich auch ausprobieren«, schlug Balduin vor.

»Gute Idee, wo es doch hier im Schanigarten so stressig ist.«

»Na vielleicht nicht, aber wir können trotzdem mal im Strandbad vorbeischauen.«

»Aber erst an die Arbeit. Hol das Heft raus.«

Balduin kramte das mittlerweile schon ein wenig zerfledderte Heft heraus. »Was schreibe ich?«

Max überlegte noch, aber Balduin schrieb schon:

Wer entspannt ist, hat es leichter, das Glück hereinzulassen.

»Ja, wunderbar. Und jetzt lass uns gehen!«

»Bloß kein Stress.« Balduin zwinkerte Max zu und nahm ganz langsam und genüsslich einen letzten Schluck aus seinem Bierglas.

Johannes baut ein Traumschloss

Johannes kam ganz aufgeregt ins Café Hawelka gestürmt.

»Endlich! Ich habe endlich meinen Gedichtband fertig!«, rief er Balduin und Max ganz außer Atem zu und verhedderte sich in seiner alten Lederjacke, als er sich sie auszuziehen versuchte, aber offenbar dabei das geheimnisvolle Manuskript in seiner Hand nicht loslassen wollte.

Balduin war baff. »Ich wusste gar nicht, dass du Gedichte schreibst!« Immerhin kannten sie Johannes schon seit vielen Jahren. Er war Lehrer für Geschichte. Gedichte zu schreiben – das sah ihm gar nicht ähnlich. So konnte man sich also täuschen!

»Naja, ich hab es niemandem verraten, nicht einmal euch.«

Und etwas hochnäsig fügte er hinzu: »Das sollte ein wahrer Künstler eben nicht tun, denn sonst geht die Energie verloren und es wird kein Meisterwerk.«

Max hob die Augenbrauen. Seine Augen funkelten ironisch. »Dir ist also ein Meisterwerk gelungen?«

»Nun – ja! Bescheidenheit ist normalerweise eine Zier. Aber beim Genie ist es doch nur Heuchelei.«

Balduin staunte. So kannte er seinen Freund gar nicht.

»Jetzt werde ich den Band bei ein paar Verlagen anbieten. Nur seriösen, versteht ihr? Mir geht es schließlich nicht ums Geld. Ich werde bestimmt nicht nach der höchsten Vorschusszahlung gehen. Manche Verlage zahlen Unsummen, hab ich gehört – aber da ist der Autor dann nur noch eine Ware. Mir ist es lieber, ich bekomme nur zehntausend Euro Vorschuss und ein kleiner Verlag macht ein wirklich schönes Buch draus. Vielleicht in Leder gebunden, so etwas ganz Edles …« Johannes war in voller Fahrt und ließ sich nicht davon beirren, dass Balduin und Max der Mund offen stand. »Was habe ich davon, wenn der Verlag fünfzigtausend Euro zahlt und dann nur ein windiges Taschenbuch dabei herauskommt? Es macht mir nichts aus, wenn ich mich ein wenig einschränken muss. Was braucht ein Dichter schon außer Feder und Papier?«

Der Ober kam an ihrem Tisch vorbei. »Eine Melange und einen Apfelstrudel mit Zimt und Obers bitteschön!«, rief ihm Johannes zu.

»Wo war ich stehen geblieben? Ach ja. Feder, Papier und gute Ideen natürlich. Mehr brauche ich nicht.«

»Ach ja?«, warf Max ein. »Kann ich dann deinen Apfelstrudel haben?«

Johannes würdigte ihn keines Blickes. »Ich denk mal, dass ich mir um Geld in Zukunft ohnehin keine Sorgen machen muss. Das ist auch nicht vorteilhaft für die Kunst, ständig ans Geld denken zu müssen. Gut möglich, dass ich ein paar Literaturpreise bekomme – und dann werde ich ein Häuschen am Meer kaufen; das ist ja viel inspirierender als meine Wohnung in Simmering … Zu Lesungen und Talkshows kann ich dann jederzeit reisen. So eine Reise verschafft einem neue Impressionen.«

Apfelstrudel und Melange kamen. Johannes schlang den Strudel rasch hinunter und kippte den Kaffee hinterher.

»So, jetzt muss ich aber los, mit ein paar Verlegern und Kulturredakteuren sprechen. Vielleicht nehme ich ein Angebot für eine Vorabveröffentlichung an. Oder sie wollen einen Artikel über mich schreiben … Winke, winke!« Johann zog ab, wobei er vergaß zu bezahlen.

Balduin und Max wussten nicht, ob sie lachen oder weinen sollten. Und so taten sie keines von beiden, bezahlten Johannes' Rechnung und wunderten sich.

Eine ganze Weile hörten sie nichts Neues von Johannes. Er war auch sonst nicht sehr oft ins Hawelka gekommen, und so fiel es ihnen nicht weiter auf. Doch eines Tages kam er wieder ins Café und setzte sich zu ihnen. Man sah ihm auf den ersten Blick an, dass seine Begeisterung verflogen war.

»Fragt nicht!«, sagte er griesgrämig, obwohl niemand gefragt hatte. Dann sprudelte er los. »Nur Absagen! Gerade mal ein einziger Verlag wollte meine Gedichte haben!«

»Naja, das ist doch nicht schlecht«, versuchte Balduin ihn zu trösten.

»Von wegen. Sie wollten nicht nur die Gedichte, sondern auch dreitausend Euro Druckkostenzuschuss.«

»Bitter«, meinte Max trocken.

Johannes bestellte einen Kaffee und saß eine Weile schweigend da. Schließlich sagte er kleinlaut: »Ich glaube, ich habe mich ziemlich in die Sache hineingesteigert.«

»Ach, weißt du – vielleicht sind deine Gedichte ja wirklich sehr gut und nur deine Erwartungen waren zu hoch?«

»Ja, meine Zukunft als Dichterfürst … mein Traumschloss liegt in Trümmern. Ich bin fix und fertig!«

»Balduin und ich schreiben übrigens auch ein Buch. Über das Glücklichsein«, lenkte Max ab. »Und deine Erfahrung ist vielleicht wichtig. Balduin, schreib auf!«

Balduin zog das Heft heraus und Max diktierte:

Das Glück kommt leichter,
wenn es nicht über eine hohe Mauer
aus Erwartungen klettern muss.

Johannes lächelte wehmütig. Aber er nickte und fühlte sich merkwürdigerweise ein wenig erleichtert.

Alexander wird Apostel

Balduin und Alexander kannten sich schon von der Schule. In der Unterprima hatten sie sogar an einem Pult gesessen. Trotz ihrer unterschiedlichen Charaktere hatten sich die beiden gut verstanden und waren so etwas wie Freunde. Als Balduin angefangen hatte, Musik zu studieren, hatte Alexander sich auch am Konservatorium beworben, obwohl er nicht sonderlich gut Klavier spielte. Dann hatte er aber doch zwei Semester Betriebswirtschaft studiert, daraufhin mit Psychologie weitergemacht, das Studium jedoch schon vor der Zwischenprüfung abgebrochen um schließlich Feng-Shui-Berater zu werden.

Balduin hatte ihn schon eine ganze Weile nicht mehr gesehen, und so war es für beide eine Überraschung, als sie sich – Balduin kam gerade aus der Orchesterprobe – auf der Augustinerstraße unvermittelt gegenüberstanden.

»Mensch, Alexander!«

»Mann, der Balduin!«, riefen beide gleichzeitig.

Natürlich gab es viel zu reden. Balduin schlug vor, ins Café Hawelka zu gehen. Alexander berichtete, dass er geheiratet hatte, mittlerweile aber auch schon wieder geschieden war.

»Aber heute geht es mir wunderbar! Ich bin ein absolut glücklicher Mensch und …«

Sie waren im Hawelka angelangt, und Alexander unterbrach seine Rede kurz, als sie sich an einen Tisch unter den historischen Fotos setzten und zwei große Braune bestellten.

Balduin griff Alexanders letzte Worte auf. »Du hast gerade gesagt, dass du absolut glücklich bist. Das interessiert mich sehr. Mit Max … Kennst du Max eigentlich? … bin ich nämlich auf der Suche nach dem Geheimnis des Glücks. Und wir schreiben immer auf, wenn wir etwas über das Glück erfahren.«

Alexander lachte. »Das ist ja interessant! Aber eigentlich könnt ihr euch die Mühe sparen. Es ist nämlich viel einfacher, als du vielleicht denkst, glücklich zu sein!«

Balduin spitzte die Ohren. »Ach so? Es interessiert mich wirklich sehr, was es mit dem Glücklichsein auf sich hat.«

»Dann kennst du sicher Anton Roberns?«

Balduin schüttelte den Kopf.

»Was? Das solltest du aber, wenn du dich für das Thema Glück interessierst! Oder eigentlich ganz egal, für was du dich interessierst. Anton Roberns hat doch den Mega-Bestseller ›Die Roberns Megapower-Methode‹ geschrieben. Mensch, das musst du einfach lesen. Ich war nach meiner Scheidung ziemlich down, aber das Buch hat mein Leben verändert!«

»Toll. Um was geht's denn da?«

»Ach, Roberns muss man einfach gelesen haben! Kurz gesagt geht es darum, wie du alle deine Ziele spielend erreichst!«

»Du machst mich neugierig«, sagte Balduin und untertrieb damit ganz gewaltig.

»Du musst dich nur entscheiden!«, rief Alexander.

Balduin sah ihn fragend an. »Für was denn?«

»Na, für das Glück! Alles, was du dir wünschst, kannst du auch erreichen – du musst nur die Entscheidung treffen!«

»Ach?«

»Ja, die Entscheidung ist das Wichtigste. Dann gibt's natürlich auch noch besondere Techniken …«

»Mit der Technik hab ich's nicht so«, warf Balduin ein.

»Stell dich doch nicht dumm. Psychologische Techniken sind das. Anton Roberns hat davon einige entwickelt. Zum Beispiel die Supermegapower-Visualisation …«

»Und du meinst wirklich, dass man mit einer Entscheidung und ein paar Techniken Glück und Zufriedenheit erreichen kann?«, fragte Balduin skeptisch nach.

»Natürlich! Wenn man das erst mal begriffen hat! Du müsstest dir mal einen Vortrag von Anton Roberns anhören …«

»Na, ich höre ja seinen Apostel«, sagte Balduin, dem diese Begeisterung ein wenig suspekt war.

Alexander wurde ein bisschen rot. »Sehr witzig. Du kannst dir das wohl gar nicht vorstellen, dass es so einfach ist. Naja, ist deine Entscheidung. Ich habe mich jedenfalls für Erfolg entschieden. Und damit, mit dem Rauchen aufzuhören.«

Balduin, der wusste, dass Alexander schon seit seinem fünfzehnten Lebensjahr rauchte, wollte es nicht recht glauben. Aber vielleicht erklärte das Alexanders aufgedrehtes Gezappel im Kaffeehaus. »Toll. Ich bin gespannt.«

Kurz nachdem Alexander gegangen war, kreuzte Max auf,

und so konnte ihm Balduin gleich von seiner neuen Spur in der Glücksforschung berichten. Für Max war das alles nichts Neues, und er schüttelte nur den Kopf. »Roberns, ja, kenn ich. Das ist doch der, der Leute für tausend Euro am Abend zu seinen Kursen kommen lässt. Da müssen dann alle ›Zakkkooo!‹ rufen und dann soll alles flutschen, wie von Zauberhand.« Max war offensichtlich nicht ganz so angetan wie Alexander.

»Warten wir's ab: Wenn Alex es wirklich schafft, nicht mehr zu rauchen, bin ich schon beeindruckt!« Balduin wollte gern neugierig bleiben.

Es sollte jedoch fast drei Monate dauern, bis seine Neugier befriedigt wurde. Denn Alexander ließ sich einfach nicht blicken.

Eines Tages, Balduin und Max saßen bei einem Glas Heurigen im Hawelka und sprachen über ihr Buchprojekt, tauchte Alexander schließlich doch noch auf. Er sah sich im Café um – offenbar suchte er die beiden. Als er sie erkannte, hob er die Hand und schlurfte zu ihrem Tisch.

»Hallo!«, sagte er. Balduin fand, es klang etwas matt.

Alex ließ sich auf einen Stuhl fallen und zog eine Zigarette heraus.

»Damit wäre meine erste Frage schon beantwortet«, meinte Balduin und versuchte, nicht allzu besserwisserisch zu klingen.

Alex starrte seinen Glimmstängel schuldbewusst an. »Tja. Also ich muss zugeben: Ganz so einfach ist das mit den Entscheidungen doch nicht.«

Max konnte sich ein Grinsen kaum verkneifen. »Trotz Megapower-Techniken?«

»Ach hör mir auf. Aber ich glaube immer noch, dass Anton Roberns Methode im Grunde funktioniert. Nur bei mir nicht. Ich bin wohl zu entscheidungsschwach. Es klappt einfach nicht.« Alex klang aufrichtig verzweifelt. »Ich entscheide mich ganz fest – und dann …«

»Dann spricht eine andere Stimme in dir.« Balduin war gerade ein Licht aufgegangen.

»Ja genau!«, sagte Alex.

»Vielleicht bist ›du‹ mal der eine und dann ein anderer? Und vielleicht haben die beiden ganz verschiedene Motive und entscheiden ganz unterschiedlich?«

Alexanders Augen leuchteten auf. »Mensch, Balduin! Gut, dass ich hergekommen bin. Ich hatte es irgendwie im Gefühl. Das stimmt genau, was du da sagst! Und deshalb klappt das mit dem Entscheiden wahrscheinlich nicht so leicht, obwohl es sich bei Anton Roberns so toll anhört.«

»Und vielleicht hat er sogar recht. Eine Entscheidung ist vielleicht sehr wichtig. Aber jeder Teil deiner Seele muss die Entscheidung treffen. Und das ist das Schwierige.«

Alexander nickte. Und jetzt hatte auch Max eine Idee. »Entscheiden ist leicht. Aber mit ganzer Seele zu entscheiden ist schwierig – das geht nur, wenn man seine ganze Seele kennt.«

Alexander schüttelte sich, als wäre eine Last von ihm abgefallen. »Jungs, ihr habt mir wirklich geholfen. Ich dachte schon, ich wäre zu blöd, das Einfachste der Welt zu tun – mich zu entscheiden. Das hat mich richtig depressiv gemacht! Vielleicht wär das etwas für euer Buch!«

Max und Balduin sahen sich an und nickten. Balduin zog das Heft heraus und schrieb:

Glückliche Menschen wissen,
dass sie vielschichtig sind und
überschätzen Entscheidungen nicht.

Und dann bestellten sie noch drei Gläser Heurigen.

Liliane erlebt eine Überraschung

Als Max ins Café Hawelka kam, hatte er Liliane im Schlepptau. Offenbar war es einer ihrer weniger guten Tage. Ihre Augen waren rot und geschwollen, und Streifen verlaufener Wimperntusche zogen sich die Wangen herab. Balduin stand auf und umarmte Lili erst einmal ganz herzlich – sie sah aus, als ob sie es dringend nötig hatte.

Sie wischte sich die Streifen aus dem Gesicht und versuchte ein tapferes Lächeln aufzusetzen.

»So was Blödes. Jetzt habe ich schon wieder geheult.«

»Das ist doch nicht blöd«, tröstete Balduin sie. »Manchmal ist man eben traurig.«

»Ja, manchmal. Aber ich bin fast immer mies drauf!«

»Quatsch!«, rief Max. »Im Sommer warst du doch immer ganz fidel. Vor allem, wenn du vom Strandbad gekommen bist.«

»Jaja, da ging's mir vielleicht manchmal ganz okay. Oder wenn ich vom Tanzen kam. Aber das sind doch alles nur kleine Inseln in einem großen Meer der Tränen!«

Heute trägt sie aber dick auf, dachte Balduin. Aber das sagte er natürlich nicht. Und es wäre auch unfair gewesen: So fühlte sie sich jetzt nun einmal. Irgendwie wurde Balduin das Gefühl nicht los, dass daran irgendetwas nicht stimmte. Sicher, Lili hatte es wirklich nicht immer leicht im Leben gehabt – und er konnte gut verstehen, dass sie von Zeit zu Zeit von quälenden Erinnerungen verfolgt wurde. Doch in den letzten beiden Jahren hatte er sie eigentlich öfter fröhlich als traurig gesehen.

Oder täuschte ihn sein Gedächtnis? Vielleicht sollte er darüber Buch führen. Unwillkürlich musste er grinsen. Das wäre zu absurd: über die Fröhlichkeit und Traurigkeit seiner Freunde Buch zu führen. Ein Buchhalter der Gefühle!

Plötzlich merkte Balduin, dass Lili und Max ihn anstarrten. Schuldbewusst löschte er das Grinsen aus seinem Gesicht.

»Was ist denn bitte daran so komisch, wenn Lili traurig ist?«, fragte Max scharf.

»Ach lass nur«, sagte Liliane müde. »Ich versteh schon. ›Ein großes Meer der Tränen‹ klingt wirklich ziemlich kitschig.«

Balduin fühlte sich ertappt. Dabei hatte er nicht deswegen gegrinst. Er beeilte sich, seine Gedanken über den ›Gefühlsbuchhalter‹ zu erklären.

»Wenn wir uns sehen, bin ich wahrscheinlich glücklicher als sonst. Aber wenn ich in der Arbeit in diesem öden Büro hocke oder wenn ich zu Hause allein vor dem Fernseher sitze, dann siehst du mich eben nicht«, meinte Lili. »Deine Buchhaltung würde dich also ganz schön in die Irre führen!«

»Allerdings!«, stimmte Max zu. »Da müsste sie schon selbst die Buchhaltung übernehmen.«

Balduin horchte auf. »Genau! Max, das ist es!«

»Was?«, riefen Liliane und Max wie aus einem Mund.

»Na, was Max gerade gesagt hat. Vielleicht wäre es gar keine schlechte Idee, dass Lili mal eine Zeit lang ihre eigene Gefühlsbuchhalterin wird!«

»Das ist doch doof!«, sagte Lili amüsiert. »Ich weiß doch, wie ich mich fühle. Da brauche ich nicht Buch darüber führen.«

»Überleg mal: Weißt du denn genau, was du gestern alles gedacht oder gefühlt hast? Bestimmt nicht.«

Lili überlegte kurz. »Nein, stimmt, nicht so genau.«

»Siehst du! Ich glaube, das könnte spannend sein. Du

nimmst dir ein Notizbuch und stellst auf deinem Handy eine Benachrichtigung ein, sodass es alle zwei Stunden klingelt. Und bei jedem Klingeln schreibst du kurz auf, ob's dir gut geht oder nicht oder wie du dich gerade fühlst.«

»Was soll denn das bringen?«, fragte Max und setzte seinen berüchtigten skeptischen Blick auf. Aber Liliane hatte nichts dagegen, das Experiment zu wagen. Und sei es nur, um zu zeigen, dass sie wirklich meistens unglücklich war.

»Ich muss jetzt los«, sagte Lili. »Danke, dass ihr mich ein bisschen getröstet habt. Und ich werde die nächste Woche mal ein bisschen Gefühlsbuchhaltung machen – versprochen. Wir sehen uns. Ciao!«

Balduin und Max sprachen noch eine Weile über das geplante Experiment. Aber das brachte sie nicht viel weiter. Sie würden es wohl einfach abwarten müssen.

Genau eine Woche später, fast um die gleiche Zeit, kam Lili wieder ins Café. Diesmal ohne rote Augen und gestreifte Wangen.

»Leute, das ist wirklich eine Überraschung!«

»Dass wir hier sind? Wir sind doch fast jeden Tag im Café.«

»Nein, Blödsinn. Das Experiment. Schon vergessen?«

»Nein, erzähl!«, Balduin und Max spitzten die Ohren.

»Es ist wirklich verrückt, wie falsch ich mich eingeschätzt habe. Ich dachte eigentlich, ich wäre gefühlte achtzig Prozent der Zeit unglücklich. Und das meistens in der Arbeit. Mit dem Gefühlstagebuch stellt sich jetzt heraus, dass mich die Arbeit zwar manchmal nervt und stresst, aber dass ich mich sonst eigentlich ganz gut fühle, wenn ich was zu tun habe. Und wirklich unglücklich bin ich nur selten – meistens dann, wenn ich allein zu Hause hocke und mir langweilig ist. Aber ich merke mir das anscheinend besser, weil es das Einzige ist, was ich fühle. Und dann kommt es mir so vor, als ob ich immer traurig bin.«

»Ha!«, rief Balduin. »Dann hat sich das Experiment wirklich gelohnt!«

Liliane lachte. »Das kannst du laut sagen! Seit ich das weiß, fühle ich mich eigentlich die ganze Zeit viel besser. Auch wenn ich abends deprimiert bin – aber auch dann weiß ich, dass das nur kurz dauert! Danke Balduin!«

Balduin wurde rot. »Naja, eigentlich war es Max' Idee.«

Nun war Max beschämt. Aber alle waren zufrieden.

Und dann schrieb Balduin in sein Glücksbuch:

Zum Glück gehört, dass man weiß, wann man glücklich und wann man unglücklich ist.

Im Augenblick war er jedenfalls sehr glücklich.

Der dicke Manfred will noch mehr

Balduin und Maximilian hatten sich zufällig beim Einkaufen getroffen und waren nun auf dem Weg ins Café Hawelka. Sie waren ins Gespräch vertieft und zuckten erschrocken zusammen, als plötzlich ein gelber Ferrari mit quietschenden Reifen neben ihnen hielt.

»Da schau her!«, brüllte es aus dem Wagen. »Der Max und der Balduin.«

Ein dicker roter Kopf kam zum Vorschein. »Hahaha, jetzt sagt's bloß nicht, ihr kennt mich nimmer!«

Doch. Allerdings. Sie kannten ihn. Der dicke Manni, der

schon in der Schule laut und aggressiv gewesen war und kleineren Schulkameraden immer das Pausenbrot weggenommen hatte. Aus unerfindlichen Gründen war er zu Max und Balduin nie schlimm gewesen und hatte sie sogar als Freunde betrachtet, was allerdings sehr einseitig geblieben war.

»Wartet auf mich. Ich hab gerad ein bisserl Zeit. Ich parkier nur schnell, und dann gehen wir auf einen Braunen oder einen Schampus. Ich geb einen aus!«

Max und Balduin waren zu überrascht um Nein zu sagen, und so ließen sie sich von Manfred ins Hawelka begleiten.

»Schampus!«, krakeelte er durchs ganze Café, kaum dass sie saßen. Köpfe drehten sich zu ihnen um. Die beiden Freunde waren peinlich berührt.

Manfred begann einen Monolog über seine Geschäfte. Erzählte, wie er Politiker um den Finger gewickelt, wie er Geschäftspartner über den Tisch gezogen und welche Besitztümer er angehäuft hatte.

»Und was machst du außer Geschäften?«, fragte Max uninteressiert.

»Naa, keine Zeit für etwas anderes. Ich expandier gerade …«

»Nicht zu übersehen«, murmelte Balduin.

»… in die USA und nach China. Es muss schließlich vorwärts gehen. Ihr habt es gut – keine Angestellten, keine Verantwortung, kein Ehrgeiz!«

»Aber mit deinen Millionen könntest du dich doch zur Ruhe setzen? Warum tust du dir diesen Riesenstress an?« Max konnte nicht mehr an sich halten.

Aber Manfred lachte nur. »Ach, die paar lumpigen Millionen. Das ist nichts Ganzes und nichts Halbes. Mein Spezi in München, der verdient richtig. Seine dreißig Millionen ist der im Jahr wert. Und er meint, dass das eher knapp ist. Weil, er zahlt ja zehn Millionen Steuern. Theoretisch.« Manni lachte vielsagend. »Also ich, ich habe noch nicht einmal einen eignen Flieger. Und meine Yacht in St. Tropez, die siehst du eh kaum.«

»Das ist natürlich hart«, warf Max ironisch ein. Aber Manni hörte ihm gar nicht zu.

»Man will ja gescheit leben, wenn man schon hart arbeitet. Leicht hab ich es nicht, das sag ich euch. Ich bin ständig unterwegs. Sechzehn Stunden am Tag. Aber Leistung lohnt sich gar nicht mehr. Die Arbeitslosen wollen immer mehr. Und der Finanzminister stiehlt einem das Geld. Da bleibt einem nicht viel, wenn man nicht saumäßig aufpasst!«

Max und Balduin sahen sich an und schüttelten den Kopf. Sie spürten eine Mischung aus Abscheu und Mitleid.

Manfred sah wirklich mitleiderregend aus. Man sah ihm an, dass er sich von der Welt sehr ungerecht behandelt fühlte. »Ja, ihr seids gut dran. Aber die vielen Neider! Neulich hat mir einer einen Kratzer in meinen Ferrari gemacht, und ich habe die ganze Woche mit dem Mercedes herumfahren müssen.«

»Das hört sich so an, als ob du nicht gerade glücklich wärst«, sagte Balduin vorsichtig.

»Ach glücklich! Hör mir auf. Ich arbeite und arbeite und bin doch immer nur eine kleine Wurst.«

»Und warum hörst du nicht auf und machst etwas ganz anderes?«

»Ja, habts ihr eine Geschäftsidee?« Manni spitzte die Ohren.

Hoffnungslos, dachten Balduin und Maximilian gleichzeitig und schüttelten den Kopf.

»Ja, aufhören – wie stellt ihr euch das denn vor? Ich hab Verpflichtungen. Meine beiden Exfrauen wollen Geld, in Dubai bin ich gerade in eine Baufirma eingestiegen, die Aktien sind gerade gefallen … Ihr seid lustig. Aufhören …«

Mannis Handy klingelte, und er begann hektisch etwas

in gebrochenem Englisch in den Apparat zu brüllen. Dann sprang er auf und warf einen Hunderter auf den Tisch. »Leut, tut mir leid, aber ich muss dringend los. Business, versteht ihr?«

Sie verstanden nicht, aber waren froh.

»Um Himmels willen«, sagte Max.

»Tut er dir nicht leid?«

»Nö.«

»Mir schon. Er ist wie ein Heroinsüchtiger – immer mehr, immer mehr, aber es wirkt nicht. Also noch mehr. Das kann doch nicht gut gehen.«

»Das ist ja offensichtlich auch bisher schon nicht gut gegangen.«

Balduin war nachdenklich geworden. »Sag mal, meinst du, das muss so sein? Dass man, wenn man etwas will und es bekommt dann immer mehr und mehr will?«

»Ich weiß nicht. Wenn ich eine, oder sagen wir fünf Millionen …«

Balduin lachte. »Siehst du, so schnell kann's gehen!«

Max sah ihn fragend an.

»Erst sagst du eine Million – aber schon wenn du dir die eine vorstellst, sollten es lieber fünf sein!«

Max wurde rot. »Ist mir gar nicht aufgefallen, wie ich das gesagt habe. Mensch, das ist ja wirklich …«

»Das ist wirklich ein Kapitel in unserem Glücksbuch wert!«, ergänzte Balduin und holte das Schreibheft heraus.

Glückliche Menschen lassen nicht zu, dass die Gier ihre Seele frisst.

»Ja genau«, stimmte Max zu. »Aber fünf Millionen sind halt doch schöner als eine.«

Balduin lachte. Aber insgeheim kam es ihm so vor, als

könnte Max irgendwie recht haben. Und er hoffte, dass die Gier nicht schon an seiner Seele nagte. Als er dann mit Max, vom Champagner leicht beschwingt durch die ins Abendlicht getauchte Wiener Altstadt schlenderte, merkte er jedoch, dass das Leben schön war, genau so wie es war.

Max lässt sich den Kopf scheren

Maximilian sah ungewöhnlich ernst aus, als er ins Café Hawelka kam. Er setzte sich zu Balduin und schwieg. Balduin ließ ihn in Ruhe. Doch schließlich hielt er es nicht mehr aus.

»Max, was ist denn los? Geht's dir nicht gut?«

Max lächelte plötzlich. »Ach nein, keine Sorge. Mir geht es prima. Ich habe nur nachgedacht.«

»Jetzt mach's nicht so spannend. Erzähl schon!«

»Es ist ein bisschen kompliziert. Gestern habe ich Juliane getroffen, eine alte Bekannte. Also, nicht wirklich alt. Sie ist nur fünf Jahre älter als wir. Zuerst hab ich sie gar nicht erkannt. Und als ich sie dann erkannt habe, hat's mich erst einmal gerissen. Ich habe einen richtigen Schreck bekommen. Weil sie eine Glatze hatte. Zuerst habe ich natürlich gedacht, sie hat Krebs und das kommt von der Chemo.«

»Hui, das hört sich ja nicht gut an.«

»Ja, aber wart's ab. Es kam nämlich ganz anders. Sie hat kein bisschen Krebs. Ganz im Gegenteil sozusagen. Sie war nämlich Mönch geworden. Oder vielmehr Nonne – aber das hört sich irgendwie komisch an. Also keine christliche Nonne. Sondern so etwas Fernöstliches. Buddhismus. Genau. Sie war eine buddhistische Nonne.«

»Echt? Das gibt's? Wusste ich gar nicht.«

»Doch, klar gibt's das. Jedenfalls war ich froh, dass sie keinen Krebs hat. Und dann habe ich mich ein bisschen lustig über sie gemacht.«

»Das war aber nicht nett von dir.«

»Nö. Aber sie war kein bisschen sauer, sondern hat gleich mitgelacht. Dann wollte ich mit ihr ein wenig über Religion und Sekten diskutieren, aber das ging gar nicht. Sie hat nur gesagt, dass jeder seinen Weg finden sollte. Und sie hat nicht versucht, mich zu missionieren.«

»Und was macht man als buddhistische Nonne?«

»Tja, das habe ich sie auch gefragt. Und weißt du, was sie gesagt hat?«

»Nein, natürlich nicht. Raus damit!«

»Essen, Trinken, Atmen, Meditieren und aufs Klo gehen.«

Balduin prustete los. »Eine coole Antwort!«

»Ja, das fand ich auch witzig. Und dann habe ich sie gefragt, was Meditieren eigentlich ist und ob man lange braucht, um das zu lernen. Und dann hat sie wieder eine seltsame Antwort gegeben: ›Nein, das kann ja jeder schon‹.«

»Ich nicht. Zumindest weiß ich nichts davon.«

»Sie meinte nur: ›Jedes Kind, das spielt, meditiert. Oder wenn du am Meer ganz vertieft in einen Sonnenuntergang bist oder Musik hörst und die Welt um dich herum vergisst. Das alles ist Meditieren.‹«

Beim Wort Musik hatte Balduin aufgehorcht. Ja, das kannte er: Wenn er Cello spielte, vergaß er manchmal tatsächlich die Zeit. War das dann Meditation?

Max fuhr fort: »Das fand ich schon sehr interessant. Dann habe ich sie gefragt, was dann eigentlich besonders an Mönchen und Nonnen ist, wenn sie doch auch nur essen, trinken, atmen, aufs Klo gehen und meditieren, was ja eh jeder kann. Und sie hat gesagt: ›Stimmt. Da ist eigentlich gar nichts anders. Nur, dass wir eben besonders oft meditieren.‹ ›Wozu eigentlich?‹, habe ich gefragt. Und sie meinte: ›Damit die Gedanken still werden und die Sorgen schweigen.‹ Das hat mich schon beeindruckt.«

»Und jetzt denkst du darüber nach, ob du auch ins Kloster gehst?«, scherzte Balduin.

»Du hast's erfasst.«

»Ist das dein Ernst?« Balduin konnte sich seinen Freund nicht als Mönch vorstellen. Er, der Computerexperte, der logische Programmierer, der Genießer, der lustige und streitbare Max? Aber Max schien es wirklich ernst zu sein – und nach dem, was er erzählt hatte, konnte Balduin es beinahe verstehen.

»Ich muss sowieso mal wieder zum Friseur«, witzelte Max. »Aber mach dir keine Sorgen: Erstens ist es nicht so schlimm, wenn man buddhistischer Mönch wird. Und zweitens werde ich mich erst mal mit Meditation beschäftigen – das geht bestimmt auch ohne Glatze.«

Max konnte sehr stur sein, wenn er sich etwas vorgenommen hatte. Er schleppte jeden Tag ein neues Buch ins Café Hawelka und erzählte Max, dass er nun jeden Tag eine halbe Stunde morgens und eine weitere halbe Stunde abends meditiere. Balduin konnte nicht übersehen, dass Max in letzter Zeit gelassener wirkte.

»Geht es voran mit der Meditation?«, fragte er.

»Eigentlich ist Meditation ganz leicht. Aber komischerweise ist es gleichzeitig gar nicht so einfach. Sitz mal eine halbe Stunde still und versuche deine Gedanken ruhig werden zu lassen – dann wirst du schon sehen, was ich meine. Auf jeden Fall ist Meditation etwas, das in unser Buch gehört.«

»Macht Meditation glücklich?«, fragte Balduin.

»Das weiß ich noch nicht. Aber die Gedanken springen nicht mehr durcheinander. Und das hilft nicht nur beim Programmieren, sondern hält einen auch vom Sorgenmachen und Unglücklichsein ab.«

»Das hört sich wirklich gut an!« Balduin holte das Schreibheft heraus. »Aber jetzt zu unserem Buch. Was schreibe ich? Du bist der Experte.«

Max lachte, bevor er dann sagte: »So etwas wie: Im Hier und Jetzt zu leben macht ruhig und glücklicher?«

Balduin nickte und schrieb:

Glückliche Menschen haben ruhige Gedanken, weil sie im Hier und Jetzt leben.

Max nickte zustimmend. Und Balduin nahm sich vor, es auch einmal mit der Meditation zu versuchen.

Aber auf jeden Fall mit Haaren.

Robert entdeckt, dass er kein Kochtopf ist

Es ließ sich nicht leugnen, dass Robert ein Choleriker war. Er hatte es zur Kunst erhoben, sich über alles und jeden aufzuregen. Über den Straßenverkehr, über die Politik der Linken, Rechten und der Mitte, der Grünen und der Liberalen. Über die Veränderung des Weltklimas und darüber, dass etwas oder nichts dagegen unternommen wurde, über Tierquäler und Tierversuche, Vegetarier und Steakhäuser, Schulmedizin und Naturheilkunde, über das Leben und über den Tod. Lauschte man ihm eine Weile, musste man den Eindruck bekommen, die Menschheit sei eine Herde von Huftieren: »Diese Esel«, »der Hornochse«, »die blöde Kuh«, »diese Schafe«, »Rindviecher!« Nur Zebras kamen nie vor.

Und dennoch mochten Balduin und Maximilian Robert eigentlich recht gern. Obwohl er sich so leicht aufregte und über alles und jeden zu schimpfen begann, kaum dass sich ihm die Gelegenheit bot, war er an sich ein sehr warmherziger Mensch.

Als Max und Balduin wieder einmal über ihrem Glücksbuch saßen und ihre Einträge durchlasen, kamen sie auf Robert zu sprechen. Eigentlich hatte er angekündigt, heute nach seinem Behördengang im Hawelka vorbeizuschauen; noch hatte er sich aber nicht blicken lassen.

»Ich weiß auch nicht, warum Robert immer so schnell in die Luft geht. Wegen jedem Quatsch gehen die Pferde mit ihm durch, und dann hat er einfach keine Kontrolle mehr über sich.« Max schlug das Heft zu und schob es wieder in die Tasche. »Meinst du, dass jemand, der sich immer so furchtbar aufregt, trotzdem glücklich sein kann?«, fragte er.

Balduin legte die Stirn in Falten. Schließlich sagte er zögernd: »Er selbst behauptet das zumindest. Robert hat mir mal gesagt, dass er Dampf ablassen muss, weil er sonst platzen würde.«

»Platzen? Ich bin zwar kein Arzt, aber soviel ich weiß, wäre das wohl der erste Fall in der Geschichte, wo jemand aus Wut platzt«, witzelte Max.

Balduin grinste und nickte. »Ja, das wär wirklich eine Sensation!«

»Und eine Sauerei!«, ergänzte Max.

Balduin wirkte nachdenklich: »Aber jetzt mal im Ernst:

Könnte er nicht sogar recht haben? Meinst du nicht, dass man die kochende Wut sozusagen wie durch ein Ventil …«

»Hör schon mit dieser blöden Metapher auf«, fiel Max ihm ins Wort und schüttelte verständnislos den Kopf.

»Zugegeben – vielleicht hinkt der Vergleich ja ein bisserl. Aber tu doch nicht so, als würdest du das nicht auch kennen.«

»Was denn?«, fragte Max mit Unschuldsmiene.

»Wenn du dich zum Beispiel furchtbar aufregst, weil dir einer blöd kommt und du eine ordentliche Wut im Bauch hast. Verspürst du da nicht auch manchmal das Gefühl, als würdest du dich ausdehnen und es würde gleich aus dir herausbrechen?«

»Das Gefühl kenne ich auch, aber dass der Mensch ein Dampfkochtopf ist, kannst du mir nicht weismachen.«

Balduin verdrehte die Augen: »Freilich ist der Mensch kein Kochtopf. Ist doch klar, dass das nur eine Metapher ist: Der Dampf steht für den seelischen Druck – oder vielleicht sogar den Blutdruck! – und …«

»Ich weiß, was eine Metapher ist. Aber ich glaube eben, dass sie einfach nicht stimmt.«

»Dann denk dir eine bessere aus! Ich finde nämlich, dass das Bild recht gut passt. Du wirst wütend – es baut sich ein innerer Druck auf – und wenn du dann mal ordentlich Krawall machst und ausflippst, lässt du den Druck wieder ab.«

»Klar, das hört sich erst einmal logisch an. Aber ich glaube, so einfach ist das nicht. Neulich habe ich mich dazu übrigens mit jemandem unterhalten, den ich im Park getroffen habe. Erst fand ich ihn etwas komisch, weil er seltsam angezogen war. Dann hat sich rausgestellt, dass das ein Zen-Mönch ist, obwohl er gar nicht japanisch aussah.«

»Zen-Mönche gibt's ja inzwischen wahrscheinlich überall«, meinte Balduin.

»Ja, sogar im Stadtpark am Franz-Schubert-Denkmal. Da saßen wir nämlich auf einer Bank. Nachdem der Mönch die ganze Zeit nur gelächelt hat, habe ich ihn irgendwann gefragt, ob er eigentlich auch mal richtig sauer wird. Da hat er nur weitergelächelt und gesagt: ›Die Wut probiert manchmal ihr Glück, aber ich lasse sie nicht rein.‹«

Balduin zuckte mit den Schultern: »Dieser Mönch hat leicht reden. Wenn man sich das so einfach aussuchen könnte, dann würde sich Robert auch nicht so oft aufregen. Aber dass er in die Luft geht, wenn ihm was stinkt, das kann ihm auch dein Mönch nicht ausreden!«

Max zuckte nur mit der Schulter und lächelte – ziemlich überheblich und von oben herab, wie Balduin fand. Langsam begann er, sich über seinen ignoranten Freund aufzuregen. »Also Mönch hin oder her: Ich finde es jedenfalls besser, dass man seine Wut auch mal ordentlich rauslässt, statt immer alles runterzuschlucken! Sonst lügt man sich doch eh nur selbst in die Tasche – und gesund ist das sicher auch nicht.«

Max musste lachen. »Fast das Gleiche habe ich dem Mönch auch gesagt.«

Balduin zog eine Augenbraue hoch. »Und? Was hat er geantwortet?«

»Kein Wort. Er guckte nur den Wolken hinterher.«

»Na toll – und dann?«

»Nix.«

»Wie nix?« Balduin sah seinen Freund entgeistert an. »Der hockte einfach da und guckte in den Himmel? Und da hast du dich nicht veräppelt gefühlt?«

»Doch, allerdings!«, stimmte Max zu und nickte heftig. »Ich fand es sogar sehr unhöflich, dass er mich gar nicht mehr beachtet. Und je länger er geschwiegen hat, desto stärker hat's in mir gebrodelt. Als würde ich gleich platzen!«

Balduin grinste. »Und?«

»Gerade als ich ihm ordentlich die Meinung sagen wollte, sah er mich an und lächelte mir freundlich zu. Und dann war es plötzlich so, als könnte ich meine Wut von außen sehen; als könnte ich sie durch seine Augen sehen – verstehst du? Und mit einem Schlag war der Druck weg. Ganz ohne Dampfdruckventil.«

Balduin runzelte die Stirn. »Einfach so?«

»Ja, schon. Wenn du dir plötzlich selbst dabei zuschaust, wie du wütend wirst, hat das etwas ziemlich Komisches. Du kommst dir vor, als ob du im Kasperltheater das Rumpelstilzchen spielst – völlig absurd.«

»Rumpelstilzchen im Kasperltheater? Ich glaube, da bringst du was durcheinander. Aber ich versteh schon, was du meinst. Du bist also in eine Art Selbstbeobachtungsmodus gerutscht …«

Max' Grinsen wurde breiter. »Selbstbeobachtungsmodus … genau! Ich habe auf einmal gesehen, was Wut mit mir macht. Und dann hat der Mönch noch etwas Interessantes gesagt: ›Schalte einfach auf Gelassenheit um.‹«

Balduin guckte etwas skeptisch. »Wie soll das denn bitte gehen? Vor allem, wenn man kurz vor dem Ausrasten steht.«

»Genau das habe ich den Mönch gefragt. Und der meinte ganz ruhig: ›Alles Übungssache.‹ Er erklärte mir, dass wir jedes Mal, wenn wir wütend werden, nichts anderes tun, als die Wut zu üben. Und dass man stattdessen auch Gelassenheit üben kann.«

In diesem Augenblick wurde die Tür aufgerissen und Robert kam ins Café gestürmt.

»Schau mal, wer da kommt!«, sagte Balduin. »Genau im richtigen Moment.«

Noch bevor Robert sich auf einen Stuhl gesetzt hatte, legte

er schon los: »Diese Esel von der Stadtverwaltung lassen sich immer wieder neuen Blödsinn einfallen. Das hat alles ewig gedauert. Als hätt ich meine Zeit gestohlen! Ich sag's euch: Ich könnte auf der Stelle platzen!«

Max und Balduin sahen sich verstohlen an. Kurz versuchten sie, die Contenance zu wahren, doch dann konnten sie nicht mehr an sich halten. Sie bogen sich vor Lachen, und Max wäre beinahe vom Stuhl gefallen. Robert sah die beiden mit großen Augen an. »Was ist denn mit euch los?«

Es dauerte noch eine ganze Weile, bis sie sich wieder beruhigten. Anschließend erklärten sie Robert, über was sie gerade gesprochen hatten. Der schüttelte erst beleidigt den Kopf, musste aber schließlich auch grinsen. »Also Max hat schon recht. Ich fühle mich nur oft so, als ob ich platzen müsste, weil ich mich über die Blödheit der Leute aufrege. Aber es stimmt schon – bisher bin ich tatsächlich noch nie wirklich geplatzt.«

»Du bist ja auch kein Kochtopf«, sagte Max.

»Und kein Luftballon«, ergänzte Balduin, was einen erneuten Lachanfall auslöste.

Der Ober sah ein wenig genervt zu ihnen herüber, und Balduin nutzte die Gelegenheit: »Herr Ober, drei große Braune, bitte schön!« Dann wandte er sich wieder an seinen Freund. »Also Max, wie war das jetzt? Du hattest doch vorhin gesagt, dass es ein besseres Bild für das Problem der Wut gibt. Eins ohne Kochtopf.«

»Was war das noch mal?« Max schwieg kurz und überlegte. »Genau. Also stell dir vor, dein Unterbewusstsein ist ein Dschungel«, sagte er an Robert gewandt.

»Na, ich muss doch sehr bitten!«

Max fuhr unbeirrt fort: »... und durch diesen Dschungel führen viele verschiedene Pfade. Manche sind breit und leicht zu gehen – bequem und ausgetreten. Und andere sind kaum zu erkennen. Welchen Weg würdest du wählen?«

Da musste Robert nicht lange nachdenken. »Natürlich den bequemen!«

Balduin hingegen war auf einmal ganz still geworden. Er kannte Max.

Der grinste und fuhr fort: »Logisch. Aber würdest du den breiten Pfad auch dann noch gehen, wenn du wüsstest, dass er in die Wüste führt?«

Robert kam ins Grübeln.

»Eines solltest du wissen: Jedes Mal, wenn du diesen bequemen Weg nimmst, trittst du ihn wieder etwas fester. Und nach und nach wird es immer leichter, *diesen* Weg zu gehen.«

»Und was wäre die Alternative?«, fragte Robert.

»Es gibt viele Alternativen. Aber das sind leider nicht die ausgetretenen Pfade. Nehmen wir zum Beispiel den Pfad zur Gelassenheit – der ist sehr klein und schmal, und gerade am Anfang ist es wesentlich anstrengender, auf ihm voranzukommen. Wenn du dich aber dafür entscheidest, diese Mühe auf dich zu nehmen, wird der Gelassenheitspfad für dich irgendwann der bequemste sein.«

»Und dann?«, wollte Robert wissen.

»Dann wird es dir nachträglich ganz schön verrückt vorkommen, dass du so viel Zeit damit verbracht hast, den Weg der Wut entlangzustolpern und auf ein Ziel zuzusteuern, auf das du eigentlich gut verzichten kannst.«

»Und was würde dann mit dem Wutpfad passieren?«, fragte Robert.

»Genau das Gleiche wie mit allen Pfaden, die du nicht mehr benutzt: Er wird allmählich zuwachsen und irgendwann ist er kaum noch zu finden.«

Roberts Augen hatten zu leuchten begonnen, als ob in seinem Kopf eine Kerze angezündet worden wäre. »Max, dieses Bild gefällt mir. Das klingt interessant. Ich habe so ein Gefühl, dass du eigentlich richtig liegst. Es ist nur …« Er stutzte.

»Es ist nur – was?«, wollte Max wissen.

»Wenn ich wütend werde wie vorhin, wo mich der Beamte in der Stadtverwaltung eine halbe Stunde hat warten lassen, dann ist der Druck doch da. Den bilde ich mir schließlich nicht ein.«

»Das stimmt schon«, antwortete Max. »Aber den Druck erzeugst du selbst. Oder vielleicht machst du dem Beamten mal ordentlich Druck, aber jedenfalls kann niemand dir Druck ›machen‹, wenn du selbst es nicht zulässt.«

»Das stimmt!«, rief Robert und schlug mit der flachen Hand auf den Tisch, sodass die Tassen klirrten. »Der Druck kommt gar nicht von außen. Es ist eher so, als würden mich die Lianen des Dschungels, also beispielsweise meine Gedanken, innerlich zusammenschnüren, sodass ich nicht richtig frei atmen kann – und dann will ich schreien.«

»Das kannst du dann natürlich machen, musst es aber nicht, denn dabei folgst du nur dem ausgetretenen Pfad«, sagte Max, und Balduin fragte sich insgeheim, ob Max' Gespräch mit dem Zen-Mönch ihm wohl derlei Einsichten vermittelt hatte.

»Und wie soll ich den inneren Ballast sonst loswerden?«

Max und Balduin dachten nach. Plötzlich kam Balduin eine Idee: »Ich weiß nicht, ob ich's euch mal erzählt habe, aber während meiner Studienzeit hatte ich ständig Angst vor Auftritten. Auf der Bühne hatte ich immer ein heftiges Druckgefühl in der Brust. Ich habe mich daraufhin in der Yogaschule angemeldet, und Marijke, meine damalige Yogalehrerin, hat mir gezeigt, wie man durch tiefes Durchatmen Druck abbauen kann. Das klingt vielleicht sehr einfach, aber es hat gewirkt und ich mache es heute noch so.«

»Aber Wut ist doch kein Lampenfieber«, sagte Robert.

»Stimmt«, meinte Balduin. »Aber Druck ist Druck und Stress ist Stress. Und wenn man den durch tiefes Atmen loslassen kann, ist es egal, in welcher Verkleidung der Stress daherkommt.«

Robert nickte, und langsam breitete sich ein Lächeln auf seinem Gesicht aus.

Balduin freute sich und sagte: »Meinst du, wir sollten mal wieder was in unser Buch schreiben, Max?«

»Ja, schon, aber was genau?«

»Also dein Sermon über den Dschungel ist jedenfalls viel zu lang.«

Max runzelte die Stirn.

Schließlich schlug Robert ganz leise vor: »Wie wär's damit: Glücklich ist, wer tief durchatmet, bevor er dann den richtigen Weg nimmt anstatt den breitesten?«

Max sah Balduin an, Balduin Max und beide Robert.

»Großartig«, sagte Balduin, zog das Heft aus seiner Tasche und schrieb:

Glücklich ist, wer tief durchatmet, bevor er dann den richtigen Weg nimmt anstatt den breitesten.

Zufrieden nickte Max, und alle drei atmeten erst einmal tief durch. Danach bestellten sie noch drei Heurige und stießen auf das Glück an. Und mochte das vielleicht auch ein ausgetretener, breiter Pfad sein, so war er für diesen Moment genau der richtige.

Das Glück
der anderen

Balduin rührte gemächlich in seinem Mokka und blickte verträumt aus dem Fenster des Cafés. Gestern Abend war er mit Lili im Kino gewesen, und noch immer schwirrten ihm die Filmszenen lebhaft im Kopf herum. Er erzählte Max ausgiebig über den romantischen Klassiker »Love Story«, den er nun bereits zum dritten Mal gesehen hatte. Eine einfache Liebesgeschichte – ein reicher Jurastudent, der sich in eine arme Musikstudentin verliebt – jede Menge augenzwinkernde Dialoge – ein trauriges Ende und eine Liebe, die den Tod überdauert: Balduin hatte sich geradezu in das Liebespaar auf der Leinwand verliebt und kam gar nicht mehr aus dem Schwärmen raus.

Max hörte geduldig zu. Als Balduin endlich eine Pause machte, um ein Stück Linzer Torte zu verspeisen, sagte er: »Ich kenne den Film: Herz, Schmerz und Romantik in Humor verpackt. Und am Ende geht's den Bach runter.«

Balduin schluckte schwer an seinem Kuchenstück und sah ihn empört an. »Ist das alles, was du zu diesem Kultfilm zu sagen hast?«

Max zuckte mit den Schultern: »Das Leben ist tragisch genug – das brauche ich nicht auch noch im Kino. Ich mag nur Filme, die gut ausgehen.«

»Aber hör mal! Darauf kommt's doch wirklich nicht an!« Balduin schüttelte den Kopf.

»Mir schon. Mal abgesehen davon, dass es gut und schlecht gemachte Filme gibt: Wenn eine Story mir die Laune verdirbt, kann ich jedenfalls gern darauf verzichten.«

Der Ober brachte zwei Prosecco. Balduin schien verstimmt. Nachdem er den Rest seines Kuchens vertilgt hatte, sagt er: »Wenn du keinen Sinn für Liebesfilme hast, kann ich das schon verstehen. Mir kommt's jedenfalls vor allem darauf an, dass wir von Filmen lernen könnten, wie man glücklich lebt.«

Max nahm einen Schluck Prosecco: »Aber kann man Glück aus Filmen lernen?«

»Also ich bin jedenfalls immer glücklich, wenn ich einen schönen Film gesehen habe«, entgegnete Balduin trotzig.

»Glücklich oder eher gut gelaunt? Ich denke, Filme können gute Gefühle in uns auslösen – erst recht, wenn sie ein Happy End haben. Aber sehr realistisch ist so ein Happy End leider nicht, oder?«

»Das stimmt schon. Im Gegensatz zum Film muss man sich im richtigen Leben fragen, was danach kommt. Nach der großen Liebe zum Beispiel. Oder nachdem man die Millionen geerbt hat. Die Probleme lassen dann meist nicht lange auf sich warten. Aber von einem klassischen Happy End kann bei ›Love Story‹ eh keine Rede sein. Ich finde jedenfalls, viele Filme lassen einen nachdenklich zurück.«

Max lächelte: »Ich glaube, das ist es! Filme können uns zwar schöne Gefühle schenken, aber letztlich müssen wir uns unsere eigenen Gedanken machen und darüber nachdenken, was wir daraus lernen können. Dass wir uns eigene Gedanken machen, kann uns kein Film abnehmen.«

»Na, dann sind wir ja wieder beisammen!«, erwiderte Balduin und griff fröhlich zu seinem Glas.

Sie lächelten und riefen nach dem Ober. »Bringen S' uns bitte die Rechnung!«, sagte Balduin. Dann wandte er sich wieder an Max. »Aber wo wir schon über Filme sprechen: Diese Schauspieler haben's gut. Schau dir mal zum Beispiel Sean Connery an. Der darf immer den Helden spielen, hat eine dicke Villa an der Côte d'Azur und wird von allen bewundert. Da bin ich schon ein bisschen neidisch.«

»Aber wenigstens nicht tot«, sagte Max.

»Wie bitte?«

»Sean Connery ist doch vor zwei Jahren gestorben, glaube ich, oder sind's vielleicht schon drei Jahre? Oder mehr?«

»Ums Totsein beneide ich ihn natürlich nicht. Trotzdem: Es muss schon großartig sein, wenn man so berühmt ist und dafür nur spielt, anstatt richtig zu arbeiten.«

Max lachte. »Gerade du hast's nötig! Du spielst doch auch nur mit deinem Cello! Das ist dann ja wohl auch keine Arbeit.«

Balduin fühlte sich ertappt: »Ja, hast schon recht. Andererseits: Um ein Instrument zu beherrschen, muss man viele Jahre sehr fleißig üben. Das ist schon was anderes, als nur ein paar coole Sprüche aufsagen. Aber natürlich ist die Schauspielerei wahrscheinlich auch nicht so einfach, wie es scheint.« Er nippte noch einmal an seinem Sektglas. »Ich will mich auch gar nicht beklagen. Das passt schon alles. Aber wenn du mal so eine Zeitschrift aufschlägst und das Leben der Reichen und Berühmten anschaust, dann wundert's dich schon, wie ungleich das Glück im Leben verteilt ist.«

»Aha? Solche Zeitschriften liest du also«, stellt Max fest.

Balduin stieg die Schamesröte bis in die Ohrenspitzen. »Natürlich kaufe ich die nicht, aber beim Arzt liegen doch diese Magazine im Wartezimmer rum, und da guck ich dann eben mal rein … und da sind halt immer nur Promis drin – diese Leute, die schön, reich und glücklich sind.«

»Und du glaubst jetzt allen Ernstes, dass man glücklich ist, wenn man ein dickes Bankkonto und einen flachen Bauch hat?«

»Quatsch. Aber irgendwas müssen die ja wohl richtig machen. Ach schau mal: Wenn man vom Teufel spricht!«, sagte Balduin unvermittelt.

Gerade kam Kevin ins Café. Er war zwar nicht wirklich reich, aber immerhin ein bisschen berühmt. Er sah verdammt gut aus und spielte in zahlreichen Fernsehserien den Aufreißer.

»Hey, Max! Hey, Balduin!«, rief er und setzte sich zu ihnen an den Tisch.

»Hallo, Kevin«, grinste Max. »Balduin hat dich gerade ›Teufel‹ genannt.«

Kevin zog seine wohlgeformten schwarzen Augenbrauen hoch und griff sich an die Stirn. »Verdammt, dabei habe ich doch heute extra meine Hörner zu Hause gelassen, dass mich keiner erkennt.«

»Ahoi, Kevin«, sagte Balduin. »Gut, dass du kommst: Wir haben nämlich gerade über Schauspieler gesprochen. Und über das Berühmtsein. Und du bist ja nun beides.«

Kevin lachte und schüttelte den Kopf. »Naja, Schauspieler schon, aber berühmt würde ich jetzt nicht unbedingt sagen.« Trotz seines Versuchs, bescheiden zu wirken, sah man ihm an, dass er sich durchaus geschmeichelt fühlte.

»Wir versuchen seit einer Weile, dem Glück auf die Spur zu kommen. Was meinst du: Sind Prominente besonders glücklich?«

Kevin musste nicht lange überlegen und schüttelte entschlossen den Kopf. »Von wegen!«, antwortete er. »Marilyn Monroe, Elvis Presley, Michael Jackson, Robin Williams …

Habt ihr schon mal darüber nachgedacht, was die gemeinsam haben?«

»Das sind allesamt Stars, aber sonst?« Balduin zuckte mit den Schultern. »Dass sie alle reich und berühmt waren?«

»Mensch, Balduin!«, sagten Max und Kevin im Chor. Und Kevin fuhr fort: »Die sind alle tot – und weißt du auch warum? Weil sie sich umgebracht haben.«

»Das stimmt«, sagte Balduin. »So richtig glücklich scheinen Reichtum und Prominenz also wohl nicht zu machen. Und dabei hatten die doch eigentlich alles – zumindest sieht es so aus.«

»Tja – Schein und Sein«, sagte Max trocken.

Kevin nickte. »Oder wie es so schön heißt: Es ist nicht alles Gold, was glänzt. Davon kann ich euch ein Lied singen.«

»Ich bin schon ganz Ohr«, meinte Balduin amüsiert. »Bisher kannte ich dich nur als Schauspieler, aber dass du neuerdings auch singst …«

Kevin lächelte gequält und bestellte sich beim Ober ein Kännchen Darjeeling, bevor er fortfuhr: »Also glaubt mir: Ich kenne einige sehr berühmte Leute. Nicht solche B-Promis wie mich, sondern richtige Stars. Und ich kann euch verraten: Ihr seht nur das Äußere. Nur das, was die Erwartungen des Publikums erfüllt. Wahrscheinlich kennt ihr die Serie ›Der Landdoktor‹?«

Balduin nickte, Max verzog angewidert das Gesicht.

»Dann kennt ihr auch Martin Siegel, der die Hauptrolle spielt. Im Fernsehen ist der immer der sympathische, souveräne Landarzt, der alles im Griff hat und dem die tollsten Frauen reihenweise hinterherlaufen. Aber wenn ihr's für euch behaltet, sag ich euch was.« Kevin goss sich eine Tasse Tee ein. »Der Martin ist ein guter Freund von mir. Er leidet seit Langem unter Selbstzweifel und Depressionen und bechert ganz ordentlich was weg. Vor Kurzem hat seine Frau ihn verlassen. Und seine beiden Söhne hat sie gleich mitgenommen, die wollen mit ihrem verkorksten Vater nämlich auch nichts mehr zu tun haben. Jetzt sitzt er da, der Martin; ganz allein in seiner Luxus-Villa bei Kufstein.«

»Sag ich ja«, meinte Max. »Mehr Schein als Sein.«

»Ganz genau«, sagte Kevin. »Im Film erscheint die Welt wie ein schöner Traum. Aber wenn die Schauspieler sich nach dem Dreh in der Garderobe abschminken lassen, kommt die wirkliche Welt zum Vorschein – und wie ihr wisst, ist die leider oft alles andere als traumhaft.«

Max und Balduin hatten Kevins Ausführungen aufmerksam zugehört und waren dabei ganz still geworden.

»Du hast natürlich recht. Wir kennen nur den spannenden Teil und glauben dann schnell, dass ihr ganzes Leben so spannend ist. Aber wir stecken ja sonst nicht in ihnen drin. Wahrscheinlich haben die meisten Stars doch die gleichen Probleme, wie alle anderen Menschen auch …«, erwiderte Max nachdenklich.

Kevin nickte. »Ich bin wirklich gern Schauspieler. Trotzdem sage ich euch, die Schauspielerei ist kein einfacher Job. Was mich betrifft: Ich habe noch ziemlich großes Glück gehabt und bisher immer ganz gute Rollen bekommen. Ich kann mich gut über Wasser halten und will wirklich nicht klagen. Aber bei den meisten meiner Kollegen sieht es ganz anders aus. Die krebsen so rum, hangeln sich von einem kleinen Engagement zum nächsten und sind weder berühmt noch wohlhabend. Und die Berühmtheiten: Ja, vielleicht haben manche viel Geld und Ruhm – schadet ja auch nicht. Aber das Wesentliche ist doch bei jedem Menschen das Gleiche.«

»So ist es«, sagte Max. »Die Menschen leiden unter Angst

und Sorgen, Trauer und Einsamkeit, suchen nach Sinn und sterben schließlich. Sie haben die Probleme, die andere auch haben. Nur, dass man das im Film nicht sieht.«

»Und man sie deshalb beneidet«, meinte Balduin. »Wenn wir immer nur die Glitzerwelt der Promis sehen, glauben wir halt, dass wir im Leben zu kurz kommen.«

»Genau!« Max nickte. »Das Problem ist, dass der Mensch sich ständig mit anderen vergleicht. Und der Denkfehler liegt darin, dass wir uns immer nur nach oben vergleichen – also mit dem, was bei anderen besser und toller ist. Wir sehen die Villa, aber wir sehen nicht, dass der, der darin wohnt, vielleicht einsam, krank, neurotisch, unzufrieden oder mit einem Wort unglücklich ist.«

»Vielleicht sollten wir das in unser Glücksbuch schreiben, dass man immer erst mal hinter den Vorhang schauen muss, bevor man sich vergleicht«, meinte Balduin.

»Oder in die Künstlergarderobe, wenn am Drehende die Schlussklappe geschlagen wurde«, lachte Kevin.

»Dann können wir von Filmen und Schauspielern doch etwas Wichtiges über das Glück lernen«, sagte Balduin und lächelte. Er zog das Heft heraus und schrieb. Neugierig sahen Kevin und Max zu und nickten zustimmend, als sie sahen, was er geschrieben hatte:

Wer sich klar macht, dass andere nicht glücklicher sind, auch wenn's so scheint, kommt dem Glück ein großes Stück entgegen.

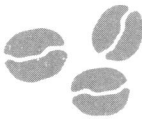

Der Lottokönig dankt ab

Die Sonne schien durchs Fenster des Cafés Hawelka, das bis auf den letzten Platz gefüllt war. Balduin war außergewöhnlich schweigsam, fand Max.

»Sag mal – stimmt was nicht?«, fragte er besorgt, als Balduin gar nicht mehr aus seiner Versunkenheit auftauchen wollte.

»Ich habe gestern Connie in der Oper getroffen und muss seither ständig über das Schicksal nachdenken – und über das Glück.«

»Das passt doch wunderbar zu unserem Forschungsobjekt«, sagte Max und grinste Balduin breit an. »Aber wer ist Connie?«

»Ich hoffe, dass das der Blaufränkische und nicht der erste Anflug von Alzheimer ist«, antwortete Balduin und schaute skeptisch auf das leere Weinglas vor Max' Nase. »Connie ist die hübsche Dänin, die bei uns im Ballett getanzt hat und in die du dich – mal so ganz nebenbei bemerkt – um ein Haar verliebt hättest.« Diesmal war es Balduin, der Max breit angrinste.

»Ach klar!« Max schlug sich mit der flachen Hand an die Stirn. »Connie, die bezaubernde Ballerina, die immer so gut gelaunt war und jeden mit ihrer strahlenden Laune angesteckt hat.«

»Genau … bevor sie drüben in der Habsburgergasse von einem Laster angefahren worden ist. Das habe ich dir doch vor ein paar Monaten alles haarklein erzählt. Sie lag wochenlang im St. Josef Spital, wo man sie wieder zusammengeflickt hat. Aber geholfen hat's nicht viel – seither ist sie querschnittsgelähmt.«

»Und sitzt im Rollstuhl – ich erinnere mich«, sagte Max und nickte mitfühlend. »Und wie geht's ihr jetzt?«

»Das ist ja das Verrückte!« Balduin versuchte den Ober heranzuwinken, der jedoch damit beschäftigt war, sich mit seinem Tablett durch die voll besetzten Tische zu quälen. »Gestern hat sie in der Oper bei der Probe zugehört. Wir haben Romeo und Julia mit dem neuen Dirigenten geprobt – eines der beliebtesten Ballettstücke überhaupt. Und ihr muss klar gewesen sein, dass sie nie wieder auf der Bühne stehen, geschweige denn tanzen wird.«

»Oh Gott.«

»Genau – das dachte ich auch erst, dass das bestimmt keine gute Idee ist. Aber danach haben wir in der Kantine zusammen einen Kaffee getrunken, und sie hat die ganze Zeit gelacht, sich über die Bläser lustig gemacht und war ausgesprochen gut drauf.«

»Gut drauf trotz Rollstuhl?«

»Allerdings. Besser als so manch einer ohne Rollstuhl. Sie hat mir erzählt, dass die erste Zeit in der Reha sehr hart gewesen sei und sie ganze Großpackungen an Taschentüchern vollgeheult hat; irgendwann hatte sie wohl ernsthaft darüber nachgedacht, sich vom Hochhaus zu stürzen. Aber bei dem Gedanken daran, mit dem Rollstuhl durch die Luft zu fliegen, musste sie schon wieder lachen. Ihren Humor hat sie jedenfalls schnell wiedergefunden, und wie sie es ausdrückte, hat sie ihr Gesicht lieber gleich wieder der Sonne entgegen gedreht, statt Trübsal zu blasen.«

Max nickte anerkennend.

»Ihre Freundin, die in Madrid am Teatro Royal tanzt, hat sie eingeladen, für ein paar Wochen nach Spanien zu kommen. Und jetzt lernt Connie fleißig Spanisch. Ein paar Stunden am Tag!«

»Nicht schlecht. Da kann man sich eine Scheibe abschneiden«, sagte Max.

»Allerdings. Und damit nicht genug: Connie tanzt auch wieder.«

»Wie bitte? Das glaubst du ja wohl selbst nicht.«

Balduin lehnte sich gemütlich zurück und verschränkte die Hände über dem Bauch: »Oh doch. Hast du schon einmal was von ›Rollstuhltanz‹ gehört?«

Max schüttelte den Kopf.

»Connie meinte, dass es nichts gibt, was sie vom Tanzen abhalten wird, auch wenn sie jetzt eben Räder statt Beine hat. Es gibt sogar Europameisterschaften im Rollstuhltanz, und sie hat ehrgeizige Pläne. Es würde mich nicht wundern, wenn sie irgendwann eine Medaille gewinnt. Wer es schafft, Balletttänzerin an der Staatsoper zu werden, weiß, wie man Ziele erreicht.«

Max staunte nicht schlecht. Auf einmal jedoch erstarrte er: »Du lieber Himmel – dreh dich jetzt bloß nicht auffällig um! Da hinten in der Ecke sitzt Jan.«

Balduin drehte sich auffällig um, worauf Max ihm einen strengen Blick zuwarf. Ein dürrer Mann saß einsam an einem düsteren Ecktisch. Sein zusammengesackter Körper steckte in einem schicken Gucci-Anzug, und sein Gesicht wirkte müde und mürrisch, während er an seinem Smartphone herumfummelte.

Balduin drehte sich wieder zu Max. »Ach ja, Jan. So kennt man ihn, den alten Miesepeter, der einem ständig mit seinem Selbstmitleid auf die Nerven geht. Ich habe ihn nur nicht gleich erkannt, weil er doch sonst nicht so schick gekleidet ist.«

Max machte sich klein und versuchte, sich hinter Balduin zu verstecken: »Tja. Jan, der Millionär.«

»Millionär? Ach, ist er etwa der Lottokönig, über den sie im

Kurier berichtet hatten? Hat er nicht sogar ein paar Millionen gewonnen?«

»Vier Millionen, um genau zu sein«, flüsterte Max. »Ich kenne ihn noch aus der Zeit, als er ein kleines Rädchen in der Stadtverwaltung war. Kurz nach seinem Sechser im Lotto habe ich ihn dann eines Tages am Kohlmarkt getroffen. Er hat mich gleich auf ein Glas Champagner ins Café Central eingeladen. Ich sag dir's – den hast du nicht wiedererkannt in seinem Kaschmirmantel und seinen handgenähten Budapestern. Er sah aus wie frisch von der Wall Street. Ich kam mir richtig schäbig vor.«

»Und jetzt? Was treibt er so?«

»Keine Ahnung. Kaum dass die Millionen auf seinem Konto gelandet waren, hat er seinen Beamtenjob hingeschmissen und seine Mietwohnung gegen eine Luxusmansarde im 1. Bezirk eingetauscht. Eigentlich wollte er mich zu seiner großen Einweihungsfete einladen, aber ich habe seitdem glücklicherweise nichts mehr von ihm gehört.«

Balduin drehte sich noch einmal vorsichtig zu Jan um. »Der dürfte für alle Zeiten ausgesorgt haben.« Er stutzte und lächelte. »Ein komischer Ausdruck eigentlich: ›ausgesorgt‹ – als hätte man sich jetzt genug gesorgt.«

»Sorgenfrei wirkt er jedenfalls nicht. Weißt du was, ich hole ihn mal rüber.« Balduin verzog sein Gesicht, doch Max winkte Jan zu, als der für einen kurzen Moment den Blick von seinem Handy nahm. Ein kurzes Aufleuchten des Erkennens erhellte Jans Gesicht, und er kam zu Max und Balduin an den Tisch – in der einen Hand sein Smartphone, in der anderen ein Sektglas.

»Hallo Jungs!«, sagte er und ließ sich erschöpft auf den Stuhl fallen.

»Grüß dich. Lange nichts mehr von dir gehört. Ich dachte,

du genießt deine Millionen in der Südsee«, sagte Max neugierig.

»Von wegen Südsee. Ich sag's euch: Geld macht nicht glücklich.« Jan seufzte und rückte umständlich sein Sakko zurecht.

»Ist das dein Ernst? Das letzte Mal hat sich das aber noch ganz anders angehört«, erwiderte Max. »Du warst doch überglücklich! Hast du dir nicht eine schicke Wohnung im 1. Bezirk gekauft? Und du hattest doch irgendwas von Südseeplänen erzählt, wenn ich mich recht entsinne.«

»Südsee ... ach schön wär's. In seinen Träumen kann man sich das immer leicht ausmalen. Aber die Wirklichkeit schaut ganz anders aus: Ich habe derzeit mehr Stress als je zuvor.«

»Wieso das denn – ich dachte, du hättest ausgesorgt?«

»Finanziell mag das schon stimmen. Aber Besitz verpflichtet. Ständig muss man sich überlegen, wie man sein Geld richtig anlegt und dabei möglichst nicht auf die vielen Betrüger reinfallen, die nur darauf warten, dass jemand mal das große Los zieht.« Jan kniff die Augen zusammen.

»Von dem Geld habe ich mir drei Wohnungen gekauft – in der größten wohne ich selbst, und die anderen beiden habe ich vermietet. Und da geht's schon los. Dauernd schreiben die Mieter oder sie rufen zu den unmöglichsten Zeiten an und wollen irgendwas – die Klospülung ist kaputt, die Nachbarn sind zu laut, die Wände zu hellhörig, das Parkett löst sich – ihr glaubt gar nicht, was denen alles einfällt.«

Max zuckte mit den Schultern. »Na ja, aber unterm Strich geht's dir doch eigentlich prima. Ich kann mich erinnern, dass du oft gejammert hast und ziemlich mies drauf warst, bevor du die Millionen gewonnen hast.« Max sah Jan forschend an. »Und weißt du noch, als wir uns am Kohlmarkt getroffen haben? Da hast du dich gar nicht mehr einkriegen können vor lauter Jubel. Und jetzt bist du wieder unzufrieden?«

»Um ehrlich zu sein – mit der Zufriedenheit hab ich's nicht so. Wie auch: Jetzt bin ich zwar zum Glück kein Beamter mehr, aber trotzdem sitze ich jeden Tag stundenlang am Schreibtisch. Ich muss nicht nur den Immobilienmarkt beobachten, sondern auch noch die Aktienkurse im Auge behalten. Und im Alter will ich auch nicht am Bettelstab gehen – da muss man sich viele Gedanken machen, wie man gut vorsorgt. Ein Vermögen zu verwalten kann verdammt viel Arbeit sein.«

Jan bemerkte nicht, dass sich Max und Balduin ironische Blicke zuwarfen: »Klar – natürlich ist es besser, Geld zu haben, als keins zu haben. Aber Zufriedenheit und gute Laune kann man sich nicht kaufen. Wenn ich jetzt darüber nachdenke, glaube ich sogar, dass ich früher glücklicher war.«

Nachdem Jan die Rechnung übernommen hatte und gegangen war, saßen Max und Balduin wieder allein am Tisch und sahen sich eine Weile schweigend an. Dann schüttelte Balduin den Kopf, holte das Heft aus der Tasche und schrieb:

Glückliche Menschen schätzen die Folgen äußerer Veränderungen realistisch ein und messen dem Schicksal nicht zu viel Bedeutung bei.

Max nickte und grinste. »Meinst du, ich schätze es realistisch ein, wenn ich davon ausgehe, dass es unserem Glück ein wenig auf die Sprünge helfen dürfte, wenn ich uns jetzt noch zwei Aperol-Spritz bestelle?«

Balduin nickte: »Ich glaube, da liegst du vollkommen richtig.« Und mit diesen Worten schloss er die Augen und drehte sein Gesicht der Sonne entgegen, die durchs Café strahlte.

Max und Lili auf hoher See

Max hüpfte fast ins Café Hawelka, so aufgeregt war er. »Balduin, du glaubst es nicht!«

»Was ist passiert?«

»Ich habe das erste Mal in meinem Leben an so einem blöden Gewinnspiel mitgemacht – und gleich den Hauptpreis gewonnen!«

»Gratuliere!«, sagte Balduin und klopfte Max auf die Schulter. »Wie viele Millionen sind's denn?«

Max hörte auf zu hüpfen. »Keine Millionen. Aber eine Kreuzfahrt für zwei. Wie schaut's aus – magst du mitkommen?«

Wollen hätte Balduin schon mögen. Aber das Orchester konnte gerade jetzt nicht auf ihn verzichten; zwei Cellisten waren krank, da konnte er nicht einfach Urlaub machen. Max nahm es mit Fassung und lud stattdessen ihre alte Freundin Lili auf die Reise ein.

In Venedig gingen sie an Bord.

Der erste Tag war großartig. Es gab so vieles zu entdecken. Unfassbar, wie groß solch ein Schiff war. Drei Spezialitäten-Restaurants, fünf Bars, Selbstbedienungsbüfett, jede Menge Cafés, Grillrestaurants und Bars mit Snacks zum Mitnehmen. Damit nicht genug gab es einen Swimmingpool mit Animation, einen Aquapark mit Rutschen, die über die Seiten des Schiffes hinausragten, sodass man in schwindelerregender Höhe über dem Meer dahinraste, eine Minigolf-Anlage, einen Kletterturm, Bowling und und und …

Max und Lili saßen in ihren Liegestühlen auf dem Aussichtsdeck und genossen den Duft des Meeres, die scheinbar unendliche Weite und abends den Sternenhimmel.

Am Abend des dritten Tages jedoch sagte Lili aus heiterem Himmel: »Sag mal, was machen wir hier eigentlich? Ich meine: Wir sind einfach hier, wir tun dies und das. Das ist auch nett – mal ein bisschen am Kletterturm hängen und dann wieder Minigolf spielen ... Aber irgendwie ist mir trotzdem fad. Und die Animateure nerven mich von Tag zu Tag mehr.«

Max nickte. »Geht mir genauso. Und die Tanzband spielt auch immer langweiliges Zeug. Wie viele Cocktails hattest du eigentlich heute schon? Bei mir waren's fünf.«

»Bei mir vier«, sagte Lili. »Ich habe schon zwei Kilo zugelegt. Außerdem sind die Leute hier nicht so mein Ding.«

»Ja«, stimmte Max zu. »Mir geht's genauso. Und mit Disco kannst mich eh jagen.«

Und so jammerten und lästerten sie noch eine Weile vor sich hin, obwohl es ihnen dank der vielen Cocktails in ihren Liegestühlen im Großen und Ganzen eigentlich recht gut ging.

»Wohin wir auch fahren«, lallte Lili, »wir nehmen doch immer uns selbst mit.«

Max ahnte, dass das ein interessanter Gedanke war, aber er war zu müde und zu beschwipst. Er nickte nur und versuchte kurz, sich vorzustellen wegzufahren, ohne dabei sich selbst mitzunehmen. Mit diesem trunkenen Gedanken im schweren Schädel schlief er ein.

»Wir sollten uns überlegen, was wir hier wirklich wollen«, sagte Max beim Frühstück am nächsten Tag. »Zwei Wochen Langeweile kann's ja nicht sein. Wir sollten vielleicht versuchen, besser mit unserer Zeit umzugehen, statt sie nur totzuschlagen.«

»Gute Idee.« Lilis Stimme hatte einen leicht ironischen Unterton. »Dann mal immer raus mit deinen glorreichen Vorschlägen!«

Max grinste. Seit dem Aufstehen heute morgen hatte er eine Idee in petto. »Weißt du, Lili, ich meditiere doch seit einer Weile. Nicht so regelmäßig, wie ich sollte. Aber so eine Kreuzfahrt ist eigentlich ein guter Anlass …«

Lili guckte skeptisch. »Meditation? Ist das nicht auch nur eine Art, seine Zeit totzuschlagen?«

Max lachte. »Nur, wenn man nicht richtig meditiert. Tagträumen, Dösen, Flucht aus der langweiligen Realität – das alles hat mit der eigentlichen Meditation nichts zu tun, auch wenn viele das glauben.«

»Dann erzähle mir doch mal, was Meditation ist, statt aufzuzählen, was sie nicht ist.«

Max runzelte die Stirn. So einfach mal schnell erklären, was Meditation ist … Er dachte daran, was Juliane, die buddhistische Nonne, ihm darüber erzählt hatte:

›Jedes Kind, das spielt, meditiert. Oder wenn du am Meer ganz vertieft in einen Sonnenuntergang bist oder Musik hörst und die Welt um dich herum vergisst. Das alles ist Meditieren.‹

Lili schüttelte den Kopf, als Max Julianes Worte wiederholte. »Das ist doch Eso-Quatsch. Klar, einen Sonnenuntergang anzugucken schadet nicht. Aber das tun wir hier sowieso jeden Tag. Und heilig habe ich mich dabei bisher nicht gefühlt, sondern nach dem dritten Mal eher gelangweilt.«

Max dachte nach. Wie konnte er Lili nur klarmachen, wie es sich anfühlt, wenn im Kopf einmal Ruhe einkehrt? Er selbst hatte noch nicht so viel Erfahrung mit der inneren Ruhe – dafür aber jede Menge Erfahrung mit unruhigen, herumspringenden oder quälenden Gedanken. Jetzt zum Beispiel. Die Langeweile. Im Grunde dürfte ihm doch gar nicht so furchtbar fade sein, wenn er wirklich ganz im Hier und Jetzt wäre. Und als er das dachte, musste er lächeln.

Lili bemerkte es sofort und grinste ihn an: »Na, hast du gerade die Erleuchtung erfahren?«

Max lachte. »Du wirst es nicht glauben: Ja. Also jedenfalls eine kleine Erleuchtung: Meditation ist das Gegenteil von Langeweile.«

»Wunderbar!«, rief Lili spöttisch. »Dann haben wir die Langeweile jetzt besiegt. Wir gucken einfach ein paar Sonnenuntergänge an, spielen ein bisschen im Sandkasten und hören uns abends die Tanzkapelle an.«

Max lächelte. »Nö. So geht das nicht.«

»Aber du hast mir doch gerade erzählt, dass deine buddhistische Klosterfrau …«

»Juliane hat gesagt, dass es im Grunde ganz gleich ist, was man äußerlich tut – Meditation ist nicht *was*, sondern *wie* du etwas tust.«

»Eben: Also gucken wir einfach ein paar Sonnenuntergänge an, spielen ein bisschen im Sandkasten und hören uns abends die Tanzkapelle an. Wenn's doch eh wurscht ist, was man tut …«

Max überlegte eine Weile, dann nickte er. »Ja, eigentlich hast du recht. Wir können es morgen früh mal mit dem Sonnenaufgang probieren.«

Lili verdrehte die Augen. »Das haben wir doch alles schon gemacht.«

»Aber eben nicht in Form einer ›Sunrise-Meditation‹.« Max grinste Lili an: »Mal ehrlich: Was ist in deinem Kopf vorgegangen, als wir neulich den Sonnenaufgang gesehen haben?«

»Hm. Woher soll ich das jetzt noch wissen? Nicht viel wahrscheinlich. Vielleicht etwa: Ganz schön, wie die Sonne da auftaucht, aber so spektakulär ist sie auch wieder nicht und es könnte etwas schneller gehen.«

Max lachte auf. »Da haben wir fast dasselbe gedacht!« Dann wurde er wieder ernst. »Aber morgen machen wir's anders. Wir setzen uns hin und schauen nur. Wir bewerten das nicht, wir denken an nichts anderes, sondern gucken einfach.«

»Soso – nur gucken: Das hört sich noch langweiliger als langweilig an.«

»Lass dich doch einfach mal überraschen. Du wirst es vielleicht nicht glauben, aber einfach dazusitzen und wirklich Ruhe in seinen Geist einkehren zu lassen, kann ganz schön anstrengend sein. Aber nicht im Sinne von ›unangenehm anstrengend‹. Du spürst nämlich gleich, dass du etwas Gutes für dich tust, wenn du die Affen in deinem Kopf zur Ruhe kommen lässt.«

Lili lachte los. »Affen im Kopf! Das passt eigentlich wirklich gut. Diese ganzen Gedanken, die im Kopf herumspringen, sind wirklich oft wie eine Affenbande.«

»Das finde ich auch.« Max lächelte. »Und das Gefühl der Langeweile ist auch nur einer dieser Affen.«

»Meinst du echt?« Lili schloss die Augen und zog die Stirn nachdenklich in Falten. Dann sagte sie: »Vielleicht hast du recht. Also gut: Dann meditieren wir morgen früh beim Sonnenaufgang!«

»Abgemacht!«

»Jetzt meditieren wir aber erst mal über ein Glas Wein in der Bar, okay?«

»Abgemacht!«

Erstaunlicherweise war dieser Abend ganz anders als die vorherigen – die Langeweile fühlte sich längst nicht mehr so dumpf und lähmend an wie zuvor, da sie nun einen Plan hatten, sich von ihr zu verabschieden. Und nach dem dritten Glas Wein wurde es noch richtig lustig.

Das Aufstehen vor Sonnenuntergang war nicht mehr so lustig. Lili verzog das müde Gesicht und maulte; aber abgemacht war schließlich abgemacht.

Die beiden schleppten sich auf das Aussichtsdeck, das noch in der Dämmerung lag. Doch laut Lilis Smartphone sollte die Sonne in acht Minuten aufgehen.

»Und jetzt?«, fragte sie. »Max, was machen wir jetzt? Du bist doch der Meditationsmeister.«

Max grinste schief. »Von wegen Meister … Wir setzen uns hin. Und wann immer ein Gedanke auftaucht, sagen wir ihm: Komm später wieder. Wir lassen die Affen im Kopf ruhig werden.«

»Du beherrschst diesen Lotossitz«, bemerkte Lili beeindruckt, als Max eine Decke auf dem Holzboden ausgebreitet und sich wie ein richtiger Buddha hingesetzt hatte. »Das krieg ich nicht hin. Da reißen mir die Kreuzbänder ab!«

»Es ist doch egal, wie du sitzt. Naja, nicht ganz. Probiere mal einen Schneidersitz. Du solltest nur einigermaßen gerade und mühelos sitzen. Schau mal das Kissen da drüben auf der Liege – das legst du dir einfach unter den Po, dann klappt das schon.«

Lili ließ sich nieder, faltete die Beine ein wenig und versuchte, gerade zu sitzen. »Okay. Und jetzt einfach nichts denken?«

»Genau. Einfach wahrnehmen, was da ist.«

»Langeweile«, meinte Lili schon nach ein paar Sekunden.

»Dann schau dir die Langeweile an. Entspanne dich einfach mit der Langeweile. Bewerte nicht, ob sie gut oder schlecht ist.«

»Schlecht.«

Max stöhnte.

Lili kicherte. »Nur ein kleiner Scherz. Okay, ich versuch's. Nur eine Frage noch: Wie lange sollen wir denn jetzt hier so sitzen?«

»Meinst du, du schaffst es eine halbe Stunde?«

»Kein Thema.«

Eine Minute später begann Lili zu zappeln. »Mensch, es ist gar nicht so leicht, einfach nur dazusitzen … Wie lange dauert das noch?«

Max bewegte sich nicht und sagte nur leise. »Sieh einfach hin, was da ist. Lass alles andere los.«

Lili versuchte es. Wieder und wieder. Und schließlich war die halbe Stunde und der Sonnenaufgang vorbei.

Langsam standen Lili und Max auf und traten wortlos an die Reling. Schließlich sagte Lili: »Puh. Ich hätte nicht gedacht, dass Meditieren so anstrengend ist.« Und nach einer Weile: »Aber wenn man den Widerstand loslässt, ist es alles leichter. Dann sind wir frei, die Freude in unserem Herzen zu umarmen.«

Max klatschte in die Hände. »Ja, genau. Du hast erfasst, worum es bei der Meditation geht!«

Lili schüttelte den Kopf. »Das meine ich aber gar nicht. Oder nicht nur. Ich glaube, es ist immer gut, den Widerstand aufzugeben. Zum Beispiel, wenn es langweilig wird, wenn die Animateure nerven, wenn die Tanzband immer die gleichen Stücke spielt … Alles, worüber wir gern lästern. Wenn wir mal aufhören könnten, unsere Etiketten überall draufzupappen und stattdessen die Dinge einfach sein lassen, wie sie sind. Ich glaube, dann könnten wir diese Kreuzfahrt hier richtig genießen!«

»Mensch, Lili! Ich glaube bei dir hat die Meditation wirklich gewirkt. Du hast völlig recht. Juliane hat auch immer wieder vom Loslassen gesprochen.«

Die restlichen Tage der Kreuzfahrt verliefen ganz anders als die ersten. Obwohl Max und Lili eigentlich nichts anderes taten als zuvor. Nur dass sie nun jeden Morgen gemeinsam meditierten. Der Unterschied war eben nicht, was sie taten, sondern wie sie es taten. Sie genossen das Meer, die Sonne, die Weite; sie spielten die Spiele der Animateure – wenn sie keine Lust darauf hatten, machten sie eben etwas anderes. Und wenn die Affen der Langeweile oder des Grübelns doch einmal in ihren Köpfen rumorten, sagten sie freundlich ›Hallo‹ zu ihnen, setzten sich hin, entspannten sich und sahen den Affen ein Weilchen beim Herumhüpfen zu, bis sie sich wieder beruhigten.

»Ich bin fast traurig, dass wir morgen schon wieder zu Hause sind«, sagte Lili am letzten Abend, und Max nickte. Doch er wusste auch, dass alles so, wie es ist, bereits vollkommen ist. Dass er die Kreuzfahrt mit Lili gemacht hatte, war gut. Dass sie nach Hause kamen, war auch gut. Er freute sich schon darauf, Balduin im Café Hawelka zu sehen. Und er wusste auch schon, was Balduin in ihr Glücksbüchlein schreiben sollte …

Als Max Balduin das nächste Mal sah, sagte er gleich: »Balduin, los, raus mit dem Heft.«

Balduin lachte. »Jetzt erzähl doch erst mal von deiner Reise!«

»Nix da. Zuerst schreibst du drei Dinge in unser Buch!«

Balduin zuckte mit den Schultern. »Na gut. Also schieß los!«

Max diktierte:

Wohin man auch reist,
man nimmt immer sich selbst mit.

Glückliche Menschen bekämpfen
Langeweile nicht mit ziellosem Aktionismus
und kultivieren die Stille in sich.

Wenn man Widerstände loslässt,
hat man die Hände frei, um die Freude
in seinem Herzen zu umarmen.

Balduin schrieb mit und nickte bei jedem Satz. Beim letzten aber sah er Max an und sagte: »Das ist vielleicht der beste Satz, den wir bisher haben!«

Max grinste breit. Dass dieser Satz von Lili stammte, hatte er ganz vergessen, und er war sehr stolz auf sich selbst.

Hannah hat Liebeskummer

Max war heute früh dran. Er hatte bereits seine zweite Melange bestellt, als Balduin ins Café kam. Doch Balduin kam nicht allein: Er hatte den Arm um seine auffallend hübsche Begleiterin gelegt, und als sich die beiden zu ihm setzten, sah Max Balduin neugierig an. Wo um alles in der Welt hatte er diese Blondine nur aufgegabelt?

»Darf ich vorstellen: Hannah, das ist Balduin, von dem ich dir schon so viel erzählt habe.« Balduin zwinkerte Max von der Seite zu: »Und das hier ist Hannah, von der ich dir noch nichts erzählt habe.«

Hannah kramte in ihrer Handtasche nach einem Taschentuch, und Max sah gleich, dass etwas mit ihr nicht stimmte. Ihre Wimperntusche war verschmiert, und in ihren blauen Augen schimmerten Tränen.

»Ich muss etwas klarstellen«, sagt Balduin, dem Max' verwirrter Blick nicht entgangen war. »Also erstens: Hannah und ich haben nichts miteinander. Und für gewöhnlich laufen wir auch nicht umarmt herum.«

Ein Lächeln huschte über Hannahs Gesicht.

»Und zweitens: Hannah ist die neue Flötistin, die erst seit dieser Spielzeit bei uns im Orchester ist«, fuhr Balduin fort und sah Hannah an: »Darf ich ihm erzählen, was los ist?« Hannah nickte und tupfte sich mit der Ecke des Taschentuchs die Augen ab.

»Womit wir beim dritten Punkt wären, wenn ich mich nicht verzählt habe: Hannah geht's derzeit nicht gut – sie hat nämlich Liebeskummer.«

Hannah bestellte sich eine heiße Schokolade, und das war vielleicht eine gute Idee, dachte Max. Schokolade war als Seelentröster zumindest ein Anfang.

Eine Weile schwiegen die drei betreten.

Dann fing Hannah an zu erzählen. Über ihre Freude, das Probespiel bestanden zu haben, und darüber, dass sich anschließend ein gemischtes Gefühl eingestellt hatte; immerhin hatte Hannah für die Orchesterstelle nach Wien umziehen und ihr Zuhause und ihre Freunde hinter sich lassen müssen.

»Das Schlimmste ist aber, dass Tim sich von mir getrennt hat, kaum dass ich meine Koffer gepackt hatte und in Graz in den Zug gestiegen war.«

»Tim?«, fragte Max.

»Ja, mein … Ex muss ich wohl inzwischen sagen.«

Der Kellner brachte die heiße Schokolade, auf der ein beeindruckender Sahneberg thronte. Hannah schlürfte mit spitzen Lippen den Sahnegipfel ab, bevor sie fortfuhr: »Tim ist Regisseur beim ORF. Wir haben uns während einer Sendung kennengelernt, in der unser Kammerorchester mit albernen Barockperücken auftreten und so tun musste, als würde es die Vier Jahreszeiten spielen. Tatsächlich kam die Musik aber vom Band. Vivaldi würde sich im Grab umdrehen. Naja – andererseits habe ich dadurch immerhin Tim kennengelernt.« Hannahs Blick schweifte verträumt durchs Café. Sie seufzte: »Es hat sofort mächtig gefunkt. Ich war mir sicher, dass das die große Liebe ist, die ewig hält.«

»Und das hat wohl nicht geklappt?«, meinte Max.

Hannah griff erneut nach ihrem Taschentuch.

»Nein – im Gegenteil. Ich war kaum eine Woche hier, als ich von einer Freundin erfahren habe, dass Tim schon eine Neue hat. Eigentlich hätte ich es ahnen können, nachdem seine beiden früheren Ehen in die Brüche gegangen waren.«

Jetzt begann Hannah leise zu weinen. Balduin legte ihr tröstend die Hand auf den Arm: »Liebeskummer hält nicht ewig. Das geht vorbei. Du wirst sehen – in ein paar Wochen sieht die Welt schon wieder ganz anders aus.«

»Das kann ich mir nicht vorstellen.« Ihr Handy summte. »Oh Gott – schon so spät? Meine Yogastunde fängt gleich an. Ich hab zwar überhaupt keine Lust darauf, aber zu Hause fällt mir die Decke auf den Kopf. Balduin, kannst du schnell für mich mitzahlen – du kriegst das Geld morgen wieder.«

»Vergiss es. Ich lade dich ein. Als kleiner Trost für den Liebeskummer. Und viel Spaß beim Verrenken.«

Hannah dankte Balduin, lächelte Max kurz zu und eilte aus dem Café.

»Soso – Liebeskummer währt also nicht ewig, was? Das war ein ziemlich schwacher Spruch«, sagte Max.

»Es stimmt doch, dass jeder Liebeskummer vorbeigeht.«

»Freilich. Nur dass es halt nichts bringt, jemandem, dem gerade das Herz gebrochen wurde zu sagen, dass es schon irgendwann wieder zusammenwachsen wird.«

»Du redest jetzt schlau daher. Hättest ja auch mal was sagen können.«

»Erstens kenne ich Hannah kaum und zweitens...«, Max zögerte kurz. »Und zweitens ist mir ehrlich gesagt auch nichts eingefallen.«

»Siehst du!«

Max starrte in seine Tasse: »Als Sabine mich damals nach fünf Jahren verlassen hat, habe ich wochenlang auf dem Sofa gelegen. Essen wollte ich auch nichts mehr und habe fast zehn Kilo abgenommen.«

Balduin fixierte Max' Bauch, der sich rundlich unter seinem Pulli abzeichnete. »Ich glaube, ein bisschen Liebeskummer könnte dir derzeit auch nicht schaden.«

Zwei Wochen später saßen Max und Balduin unter einem der Sonnenschirme vor dem Café Hawelka, als sie Hannah sahen, die auf ihren Tisch zusteuerte. Balduin hob die Hand und winkte sie heran. »Hallo Hannah!«

»Wie schön, dass ich euch hier treffe. Kann ich mich kurz dazusetzen?« Noch bevor Max oder Balduin antworten konnten, saß Hannah schon.

Sie bestellte sich einen Espresso. »Leider habe ich wenig Zeit. Ich muss Blumen fürs Yogastudio besorgen.«

Die beiden Freunde sahen sie fragend an.

»Ich greife Marijke in ihrem Yogazentrum ein wenig unter die Arme.«

»Marijke De Wit?« Balduin drehte sich neugierig zu Hannah hinüber.

»Ja. Kennst du sie etwa?«

»Als Musikstudent habe ich regelmäßig Yoga bei ihr gemacht. Mein Gott ist das lange her. Marijke müsste doch inzwischen fast achtzig Jahre alt sein?«

»Vierundachtzig, um genau zu sein. Aber sie ist immer noch unglaublich gut drauf.«

»Und du offenbar auch wieder«, sagte Max. »Ich wusste gar nicht, dass Kopfstand gegen Liebeskummer hilft.«

Hannah musste lachen. »Nein, Yoga hat nur indirekt geholfen. Viel wichtiger war, dass Marijke sich liebevoll um mich gekümmert hat. Sie hat gleich gemerkt, was mit mir los ist. Wir haben uns in den letzten Tagen ein paarmal auf einen Tee getroffen.«

Der Kellner stellte Hannah den Espresso und ein Glas Wasser hin und eilte weiter zum nächsten Tisch.

»Abwarten und Tee trinken also? Und das hat dein gebrochenes Herz wieder geheilt. Ehrlich?« Max blickte recht ungläubig drein.

»Ganz so einfach war es nicht«, sagte Hannah. »Wir haben sehr viel geredet. Ich habe Marijke von Tim erzählt, von dem zerplatzten Traum und dass ich ganze Abende weinend auf dem Sofa lag und Chips in mich hineingestopft habe.«

»Und jetzt hast du das Sofa gegen die Yogamatte eingetauscht?«, fragte Balduin.

»So ungefähr, ja. Marijke hat mir erklärt, dass ich die Vergangenheit loslassen muss und mich jetzt gut um mich selbst kümmern soll. Aber das wichtigste ist, ganz bei sich selbst zu bleiben und die Ruhe zu bewahren. Marijke hat mir geraten, meine Gefühle aufzuschreiben und wieder aktiv nach außen zu gehen. Sie meint, dass wir uns darüber bewusst werden müssen, dass im Leben nicht immer alles rundläuft.«

»Das kann man wohl sagen«, sagte Max, der inzwischen

schon dreimal beim Ober nachgefragt hatte, wo sein French Toast bliebe.

»Ich habe lang drüber nachgedacht«, sagte Hannah. »Und ich glaube, ich hab's kapiert: Das Leben, meinte Marijke, ist wie ein Fluss. Man weiß nie, wo es hingeht, aber wenn man sich dem Fluss hingibt, ist es viel einfacher, gelassen zu bleiben.«

Hannah strich sich eine blonde Strähne aus dem Gesicht. Plötzlich wanderte ihr Blick auf die gegenüberliegende Straßenseite. »Da ist ja André.« Sie stand auf und fing an zu winken. »Hallo, André!«

Der junge Mann winkte zurück, eilte über die Straße und begrüßte Hannah mit einer innigen Umarmung.

»Ähm – das ist André. Wir haben uns beim Yoga kennengelernt«, sagte sie. »Und das hier sind meine Freunde Max und Balduin.«

André begrüßte beide mit einem strahlenden Lächeln, doch seine Aufmerksamkeit galt sofort wieder Hannah. »So ein Zufall, dass ich dich hier treffe. Ich wollte gerade in den Buchladen, um ein bisschen zu stöbern.«

»Da komme ich mit! Ich muss noch ein paar Einladungskarten besorgen. Es wird höchste Zeit, dass ich meine Wohnung offiziell einweihe. Ach apropos: Habt ihr nächsten Samstag Zeit?«

Ohne die Antwort abzuwarten, griff Hannah nach ihrer Handtasche und legte hastig einen Geldschein auf den Tisch. »Diesmal lade ich dich ein, Balduin. Ciao, ihr zwei.«

Max und Balduin sahen den beiden hinterher, die fröhlich plaudernd in der Menge verschwanden.

»Seltsam, wie schnell Liebeskummer wieder vorbeisein kann«, bemerkte Balduin.

»Kein Wunder, wenn der nächste Liebhaber schon anklopft.«

»Schon, aber ich glaube, vor allem hat ihre Yogalehrerin dabei geholfen, dass Hannah sich so schnell wieder öffnen konnte.«

Max biss in seinen Toast, der endlich doch noch am Tisch gelandet war und nickte kauend. »Ja, es geht mal bergab und dann wieder bergauf.«

»Stimmt, und eigentlich ist das gerade das Schöne, dass nicht immer alles gleich ist. Das wäre nämlich furchtbar fade.« Balduin holte das Glücksbuch aus seinem Lederrucksack. »Ich glaube, da haben wir was für unser Buch.«

»Und was willst du reinschreiben? Liebeskummer vergeht?«

»Nein«, meinte Balduin, »das ist nicht der Punkt. Hannah hat doch etwas vom Fluss des Lebens gesagt. Ich weiß etwas Besseres.«

Balduin klappte das Buch auf und schrieb:

Glück ist, wenn man gelassen bleibt
und sich gut um sich selbst kümmert,
egal ob es im Leben rauf oder runter geht.

»Passt«, sagte Max und nahm erneut einen großen Bissen von seinem Toast.

»Schau mal«, sagte Balduin und hielt Max das Buch vor die Nase: »Unser Glücksbuch wird immer dicker. Genau wie dein Bauch.«

»Sehr lustig – aber weißt du«, Max zwinkerte Balduin zu, »für den eigenen Bauch gilt das auch: Egal ob er dicker oder dünner wird – das wichtigste ist, dass man gelassen bleibt und nett zu sich selbst ist.«

»Stimmt«, sagte Balduin und bestellte sich ein Stück seiner Lieblingstorte.

Annes heilende Hände

Max und Balduin standen im Café Hawelka an der Bar, die eigentlich nur ein Tresen war, der nicht wirklich zum Verweilen einlud.

Max schaute Balduin mitleidig an: »Bist du sicher, dass du nicht sitzen kannst? Ich glaube, wir stehen dem Ober hier im Weg rum.«

Balduin nippte mit schmerzverzerrtem Gesicht an seinem großen Braunen: »Tut mir leid, aber Sitzen geht im Moment wirklich nicht. Gestern habe ich schon den ganzen Tag mit diesem höllischen Hexenschuss in der Probe gesessen. Wenn das so weitergeht, muss ich mich krankschreiben lassen.«

»Warst du denn schon beim Orthopäden?«

»Ach wo, von Orthopäden könnte ich dir Horrorgeschichten erzählen. Zum Knochenflicker bringen mich keine zehn Pferde mehr.« Balduin kniff die Augen zusammen und rieb sich mit der Hand über den unteren Rücken. »Aber José aus dem Orchester hat mir einen Tipp gegeben. Der hatte auch schon Rückenprobleme und war bei der Thai-Massage. Da sollen schon ein oder zwei Behandlungen Wunder wirken.«

»Und jetzt willst du in Wien eine Thailänderin finden, oder wie?« Wie immer war Max skeptisch.

»Schmarrn! Die Heilpraktikerin, die José empfohlen hat, ist ganz bestimmt keine Thailänderin. Oder findest du etwa, dass ›Anne Rhode‹ besonders asiatisch klingt?«

»Nö, eher deutsch.«

»Treffer«, antwortete Balduin und lachte. »Frau Rhode kommt ursprünglich aus Bielefeld.«

»Und in Bielefeld kann man Thai-Massage lernen?«

»Keine Ahnung. Sie hat sich auf Ko Samui ausbilden lassen. Steht alles auf ihrer Homepage. Und da steht übrigens auch, dass Thai-Massagen nicht nur bei Schmerzen helfen, sondern auch die Beweglichkeit und Körperhaltung verbessern.«

Max grinste seinen Freund an, der krumm und steif über seinen Kaffee gebeugt stand: »Dann ist das ja genau das Richtige für dich.«

Als Max am übernächsten Tag ins Café kam, saß Balduin genüsslich in die Zeitung vertieft am Ecktisch.

»Na sowas – du kannst wieder sitzen wie ein normaler Mensch.«

Balduin legte die Zeitung zur Seite: »Ja, dabei habe ich gestern früh noch gedacht, dass ich mir langsam einen Rollator besorgen sollte. Aber das war noch vor der Massage.«

»Und wie war's?«

»Das kann ich gar nicht in Worte fassen. Ich glaube, ich bin ein neuer Mensch.«

»Schade. Ich mochte dich so, wie du bist«, sagte Max.

Balduin schaute versunken aus dem Fenster auf dicke Regenwolken, die die Stadt wie eine Schwarzweiß-Kulisse erscheinen ließen. »Ich weiß ehrlich gesagt selbst nicht genau, was da gestern mit mir passiert ist. Erst hat Anne – wir duzen uns nämlich inzwischen – mich vorgewarnt, dass es bei der Thai-Massage nicht gerade zimperlich zugeht. Und dann hat sie irgendwas von Energieblockaden erzählt, die sich durch die Behandlung auflösen sollen.«

»So wie der Stau auf der Süd-Ost-Tangente im Berufsverkehr?«

»So ungefähr. Ich war zuerst skeptisch.«

»Das wäre ich auch gewesen, schließlich ist der Mensch doch keine Autobahn.«

»Aber du bist erstens Berufsskeptiker und zweitens hast du nicht bei ihr auf der Matte gelegen. Da hättest du nämlich gleich gemerkt, was sie meint. Sie hat mich in alle Richtungen gedehnt, dass ich dachte, ich liege auf einer Streckbank und dann mit Ellbogen und Knien getrietzt, dass ich dachte, mein letztes Stündlein hätte geschlagen. Aber du glaubst es nicht: Anschließend waren nicht nur die Rückenschmerzen weg, sondern mein ganzer Körper hat sich weich und warm angefühlt.«

Max schaute Balduin zweifelnd an.

»Das Verrückteste kommst aber noch. Du hast ja eine Esoterik-Allergie, ich erzähl's dir lieber nicht«, sagte Balduin.

»Erzähl ruhig – ich bin ganz Ohr.«

»Na gut. Also: Am Schluss hat sie ihre Hände einfach nur sanft auf meinen Rücken gelegt. Sie meinte, dass ich mal kurz meinen Kopf vergessen und einfach spüren soll.« Balduin schaute Max etwas verunsichert an, doch der verzog keine Miene, also erzählte er weiter: »Erst habe ich nur Wärme gespürt. Dann fing es in meinen Beinen richtig zu vibrieren an. Irgendwann hat es sich dann angefühlt, als würden kleine warme Wellen von den Füßen bis zum Kopf durch meinen ganzen Körper tanzen. So entspannt war ich noch nie.«

Max schwieg lange. So lange, dass Balduin irgendwann wissen wollte, was los sei.

»Ich überlege nur, ob wir das in unser Glücksbuch aufnehmen sollten: Massage macht glücklich?«

»So ähnlich hat Anne das auch formuliert. Sie meinte, dass ein guter Masseur zwei Menschen glücklich macht: seinen Patienten und sich selbst. Aber vermutlich geht es eigentlich um etwas anderes, nämlich um die Berührung.«

»Die Berührung?«

»Ja, schau doch mal da drüben.« Balduin nickte mit dem Kopf zu einem der Tische in der Mitte des Cafés. Eine junge Mutter hielt ihr Baby im Arm, das fröhlich an ihrem Daumen nuckelte. »Die sehen doch wirklich glücklich aus, oder?«

»Zumindest ist das Baby friedlich«, meinte Max.

Balduin strich sich übers unrasierte Kinn. »Was Freude bereitet, macht jedenfalls glücklich – und Berührung bereitet Freude. Warum glaubst du, weshalb Liebespaare immer Hand in Hand unterwegs sind und bei jeder Gelegenheit eng umschlungen herumstehen?«

»Weil sie verliebt sind?«

»Sicherlich. Aber vor allem, weil Berührung Wärme und Geborgenheit schenkt. Wahrscheinlich ist das auch der Grund, warum ältere Menschen ständig den Hausarzt konsultieren oder sich Massagen verschreiben lassen. Sie sehnen sich danach, berührt zu werden.«

»Also was schreiben wir in unser Buch? Berührung ist Balsam für die Seele?«

Balduin schlug das Heft auf und kramte nach seinem alten Füller. »So ungefähr. Aber ich glaube, wir sollten uns darauf konzentrieren, was die Ursache für die Ursache ist.«

Max zog die Augenbrauen zusammen: »Wie belieben?«

»Naja, die Ursache für die positive Wirkung der Massage liegt in der Berührung. Und die Ursache dafür, dass Berührung glücklich macht liegt darin …« Balduin überlegte kurz. »… dass Berührung Verbundenheit ausdrückt und dass es beim Glück eigentlich immer um Verbundenheit geht.«

Max nickte und Balduin schrieb:

Wer in der Berührung die Verbundenheit entdeckt, öffnet sein Herz für das Glück.

Zufrieden blickt Max auf das Heft. »Ich glaube, das trifft es ziemlich gut.«

»Stimmt«, meinte Balduin. »Und weißt du, was ich glaube? Du könntest auch mal wieder ein paar Streicheleinheiten vertragen.«

Max verzog das Gesicht: »Schon möglich, aber ganz bestimmt nicht von dir, lieber Balduin.«

»Du bist aber heute gemein!« Balduin und Max lachten. Als sie sich verabschiedeten, umarmten sie sich und öffneten ihre Herzen dem Glück.

Der Hofrat und seine Last

Der alte Hofrat war Balduins Patenonkel. Ein netter alter zweiundachtzigjähriger Herr mit Spitzbart und einem Zylinder auf dem Kopf, der wie eine Karikatur aus der ›guten alten Zeit‹ wirkte – aber mit jugendlich leuchtenden Augen und immer beschäftigt. Balduin mochte ihn lieber als seine Blutsverwandten und freute sich jedes Mal, ihn zu sehen. Das kam nur eben nicht so oft vor, da der Hofrat so geschäftig war.

Heute aber saß der hochbetagte Herr Hofrat mit seinem Patenkind Balduin und dessen Freund Max Palatschinken essend im Café Hawelka.

»Dass du mal Zeit hast, Onkel!«, sagte Balduin. »Du wirst doch nicht krank sein.«

Der alte Hofrat lächelte. »Ja mei. Ich habe halt immer viel zu tun. Weißt eh. Der Denkmalschutzverein, der Tierschutzverein … Und jetzt hat mich die Kulturstiftung auch noch zum zweiten Vorsitzenden ernannt.«

Max, der zwar schon oft von Balduins Onkel gehört hatte, ihm aber nur zweimal begegnet war, staunte nicht schlecht. Balduin, der eigentlich durchaus wusste, wie umtriebig der alte Hofrat war, staunte ebenfalls, wenn vielleicht auch etwas weniger. Er schüttelte den Kopf. »Aber Onkel, muss das denn wirklich sein? Warum lädst du dir das alles auf? Jetzt hast du die ganze Verantwortung – und, sei mir nicht böse, du bist ja nun auch kein Jüngling mehr.«

Der alte Hofrat lachte – und man konnte sehen, dass er das häufig tat. »Ja, freilich, es ist schon ein bisschen Verantwortung. Aber so habe ich wenigstens was zu tun. Soll ich etwa zu Hause herumsitzen und dumm in den Fernseher glotzen?«

Max grinste. »Sehr gut, Herr Hofrat. Da haben Sie wirklich recht. Ich habe den Fernseher schon vor Jahren ganz abgeschafft.« Dass er regelmäßig mit Balduin Filme ansah und oft viele Stunden vor Youtube saß, erwähnte er nicht.

Balduin zwinkerte seinem Freund zu, sagte aber nichts.

Der alte Hofrat nickte. »Genau. Das Fernsehen und noch mehr dieses neue Zeug, wie Youtube oder wie der Schmarrn heißt, sind nicht gesund für den Verstand.«

Max wurde rot.

Balduin entging das nicht und wandte sich amüsiert an seinen Freund. »Warst du nicht neulich noch mit Lili auf der Kreuzfahrt und hast mir lang und breit erzählt, dass es nicht guttut, die Zeit einfach totzuschlagen? Das haben wir doch sogar in unser Büchlein geschrieben. Weißt du noch? *Glückliche Menschen bekämpfen Langeweile nicht mit ziellosem Aktionismus und kultivieren die Stille in sich.*«

»Jaja – schon gut«, sagte Max und zuckte mit den Schultern. »Aber es ist auch nicht alles schlecht, was bei Youtube läuft. Ich habe da jedenfalls auch viele interessante Dinge gelernt!«

Der alte Hofrat schüttelte belustigt den Kopf. »Das ist fein, dass Sie etwas gelernt haben, Max. Aber glauben Sie einem alten Mann: Begegnungen mit echten Menschen ersetzt das nicht!« Er wandte sich an Balduin. »Du hast mir gar nicht erzählt, dass ihr ein Buch schreibt.«

»Das wär auch zu viel gesagt. Wir suchen nach dem Geheimnis des Glücks. Nach den Dingen, die Menschen glücklich machen.«

»Vielleicht wird einmal ein Buch draus«, warf Max ein. »Meinen Sie nicht, dass es eine gute Aufgabe ist, dem Glück nachzuspüren?«

Der alte Hofrat schmunzelte. »Ja freilich, mein Lieber – das ist ein sehr guter Plan. Vielleicht kann ich euch helfen. Jetzt habe ich immerhin schon über achtzig Jahre hinter mir. Ich glaube, ihr solltet aufschreiben, dass eine richtige Lebensaufgabe viel zum Glück beiträgt.«

»Aber vielleicht bist du auch nur ein bisserl arbeitssüchtig?«, zog Balduin seinen Onkel auf. »Du hast eh schon so viel Verantwortung. Und dann lädst du dir immer noch mehr auf. So viel Verantwortung ist doch eine Last – da kommt man nicht mehr zum Genießen.«

»Da irrst du dich aber, mein Lieber. Offensichtlich glaubst du, dass Verantwortung eine Bürde ist. Aber ich sage dir eins: Verantwortung zu übernehmen ist keine Last, sondern eine Lust!«

Max stand die Skepsis ins Gesicht geschrieben. »Also Herr Hofrat, ich weiß nicht. Ein Arzt hat doch viel mehr Verantwortung als ein, sagen wir mal, Müllfahrer. Und dafür musste er auch lange studieren, schwere Prüfungen ablegen und als ›Belohnung‹ muss er sich dauernd mit kranken Menschen beschäftigen und zum Beispiel Nachtdienste übernehmen. Deswegen verdient ein Arzt auch mehr als jemand bei der Müllabfuhr.«

Der Hofrat schüttelte den Kopf und lächelte. »Sie werden's nicht glauben, Max, aber gerade darüber habe ich letzte Woche mit einem Arzt gesprochen. Der hat gejammert, wie wenig er für seine Arbeit bekommt, wo er doch immense Verantwortung hat und lange studieren musste.«

Max nickte zustimmend. »Ja, da hat er schon recht.«

»Naja«, unterbrach ihn Balduin. »Vielleicht war dieser Arzt auch besonders geldgierig und hätte lieber Banker werden sollen.«

Der alte Hofrat lachte auf. »Ja, Balduin, ich glaube du liegst gar nicht so falsch. Ich habe ihn nämlich gefragt, ob er nicht findet, dass er dafür einen interessanten, abwechslungsreichen und angesehenen Beruf hat – was man vom Müllfahrer nun leider nicht behaupten kann.«

Max runzelte die Stirn. »So hab ich das noch gar nicht gesehen. Was hat er denn geantwortet?«

»Erst einmal hat er mich ganz komisch angeschaut und gesagt, dass er nicht mit einem Müllmann verglichen werden möchte. Zehn Jahre hätte er studiert! Und bis er Oberarzt wurde, hätte es noch einmal ein paar Jahre gedauert. Und diese Verantwortung!« Der alte Hofrat lächelte. »Und dann hat er mich spöttisch gefragt, ob ich ein Kommunist sei und will, dass ein Arzt nur so viel verdient wie einer bei der Müllabfuhr.«

Max und Balduin spitzten die Ohren.

»Da habe ich ihm gesagt, dass ich nicht glaube, dass alle Menschen gleich sind. Das hat ihn gefreut. Aber als ich ihn dann gefragt habe, ob er nicht lieber Müllfahrer wäre, wenn er dabei dasselbe verdienen würde, wurde er plötzlich ganz still. Da dämmerte es ihm wohl, dass Verantwortung, ein interessanter Beruf und Anerkennung eigentlich schon eine ganz gute Belohnung sind.«

Max sah den Hofrat mit großen Augen an. »Wahrscheinlich

stimmt der Spruch, dass das Alter weise macht. Sie haben ja völlig recht. Aber bisher habe ich das noch nie so gesehen.« Balduin nickte. Er empfand das Gleiche.

Der alte Hofrat lachte und klopfte Max auf die Schulter. »Mein lieber Max, warten Sie nur nicht darauf, dass das Älterwerden weise macht. Ich kenne mehr alte Trottel als junge! Aber vielleicht sehen Sie jetzt, dass Verantwortung nur wie eine Last erscheint.«

Max sah es und Balduin auch. Und so schrieben sie in ihr Heft:

Glückliche Menschen erkennen,
dass Verantwortung keine Last,
sondern eine Lust ist!

Sie saßen noch lange im Café und plauderten mit Balduins Patenonkel. Und sie empfanden die Lust der Verantwortung ganz besonders, als sie es auf sich nahmen, eine Flasche *Scheiblhofer Shiraz* bringen zu lassen – den Wein, den der alte Hofrat am liebsten mochte – und den klugen alten Herrn hoch leben zu lassen.

Balduin und Max gratulieren sich

Als Balduin ins Café Hawelka kam, saß Max schon mit einem halb ausgetrunkenen Haferl Melange an ihrem Stammtisch. Anstatt Balduin zu begrüßen, sah Max geradewegs durch ihn hindurch, als wäre er Luft. Balduin trat zu ihm und schnippte mit den Fingern vor seinen Augen. »He, Max! Fehlt dir was?«

Max fokussierte seinen Blick und sah Balduin etwas erstaunt an. »Ach, entschuldige, ich habe dich gar nicht kommen sehen.«

»Ich dachte schon, du hättest deinen alten Freund vergessen!«

Max lächelte. »Nein, ganz im Gegenteil. Ich habe gerade über Freunde und Freundschaft nachgedacht.«

»Und was hast du da so über mich gedacht?«

»Ehrlich gesagt, gar nichts.«

Balduin zog die Augenbrauen hoch. Er lächelte, aber er war doch ein klein wenig verletzt. »Hm, das ist aber wenig.«

Max lachte auf. »Nein, nein. Ich bin nur noch nicht bis zu dir gekommen. Ich habe bisher nur an die Freunde gedacht, die ich in der Grundschule hatte. Und es hat mich überrascht, dass ich von manchen außer den Vornamen gar nichts mehr weiß. Aber ich weiß, dass wir dicke Freunde waren.«

»Naja, so dick wieder nicht, wenn du nichts mehr von ihnen weißt.«

»Oh doch! Das ist ja das Seltsame. Und bevor du wieder Witzchen machst: Nein, Alzheimer habe ich noch nicht. Aber ich habe darüber nachgedacht, wie wichtig Freunde wohl für das Glück sind.«

Balduins Augen leuchteten auf. »Das finde ich auch. Wer nicht wenigstens einen guten Freund hat, ist wirklich ein armes Schwein.«

»Absolut. Und daher finde ich es seltsam, dass wir bei unserer Glückssuche noch gar nicht darauf gekommen sind.«

»Das liegt wohl daran, dass Freundschaft eines von diesen Dingen ist, die man für selbstverständlich hält, solange sie da sind.«

Max nickte. »Wie die Luft oder das Essen. Meist denkt man gar nicht dran – aber wenn man sie vermisst, dann mit Leib und Seele.«

»Im Fall der Luft dauert das Vermissen zumindest nicht lang,« witzelte Balduin.

»Haha. Aber mal im Ernst: Ein Leben ohne Freundschaft wäre doch furchtbar!«

Balduin legte Max die Hand auf die Schulter. »Da haben wir ja Glück, dass wir das nicht ertragen müssen.«

Max lächelte seinen Freund an. »Genau!«

Balduin winkte den Ober zu sich. »Bringen's uns doch zwei Prosecco, bittschön.« Der Ober nickte, ging und kehrt kurz darauf mit zwei Gläsern zurück. »Also Max, lass uns auf die Freundschaft anstoßen!«

»Prost!«

Ein paar Minuten schwiegen sie. Und wie das bei richtigen Freunden eben ist, fühlten sich die beiden auch miteinander verbunden, ohne andauernd miteinander reden zu müssen. Doch schließlich sagte Balduin: »Was meinst du macht eigentlich eine echte Freundschaft aus?«

Max öffnete den Mund. Dann schloss er ihn wieder. Schließlich erklärte er: »Das ist doch eigentlich ganz klar, aber trotzdem schwer zu sagen. Vielleicht Zuverlässigkeit, Ehrlichkeit, Offenheit, Loyalität …«

»Ich finde, das klingt wie eine Liste von Eigenschaften, die Jobsuchende standardmäßig in ihre Bewerbung schreiben, weil sie wissen, dass jeder Chef sie sich bei seinen Angestellten wünscht.«

Max verzog den Mund ein wenig, nickte dann aber. »Du hast recht. Ich finde nur, dass es wirklich schwer zu erklären ist. Ich probier's noch mal: Ein guter Freund kennt dich gut und du ihn und ihr respektiert euch, trotz oder gerade wegen kleiner Macken und Fehler. Ein guter Freund ist da, wenn du Hilfe brauchst und umgekehrt.« Max brach ab und zuckte mit den Schultern. »Was meinst denn du, Balduin?«

Balduin nahm noch einen Schluck Prosecco und sagte: »Bei guten Freunden sind die Seelen in Einklang.«

»Hm. Das … also irgendwie …« Max versuchte gleichzeitig den Kopf zu schütteln und zu nicken. »Ein bisschen blumig. Aber trotzdem finde ich das ganz gut.«

»Und das, obwohl du doch gar nicht an eine Seele glaubst?«, stichelte Balduin.

Max grinste. »Klingt eben doch besser als ›statistisch relevante Übereinstimmung von bestimmten Persönlichkeitsmerkmalen, Interessen, Werten und Pheromonen‹.«

»Nicht nur, dass Seele besser klingt – sie ist auch mehr als das, was du da so schlau aufgezählt hast. Und ›bestimmte Persönlichkeitsmerkmale‹ ist ziemlich schwammig.«

Max verdrehte die Augen. »Du hast mich erwischt. Es ist eben so, wie ich schon gesagt habe: Es ist gar nicht leicht, Freundschaft in Worte zu fassen.«

Balduin lächelte nur.

»Okay, du hast vielleicht recht mit dem ›Einklang der Seelen‹. Zumindest fällt mir gerade nichts Besseres ein.«

»Aber was meinst du jetzt: Gehört Freundschaft zum Glück dazu? Also für mich auf jeden Fall!«

»Dann schreib's doch in unser Heft!«

Balduin zog das zunehmend zerfledderterе Heft heraus. Er dachte nur kurz nach, dann schrieb er:

Glückliche Menschen
kultivieren ihre Freundschaften.

Max nickte. »Dann können wir uns ja wirklich gratulieren!«

Beide hoben ihre Gläser und stellten fest, dass sie fast leer waren.

So wurden aus einem Gläschen Prosecco eine ganze Flasche, bis die beiden Freunde schließlich nach Hause wankten und dabei das alte Lied der Comedian Harmonists sangen, ebenso innbrünstig wie diese, nur nicht so schön. Aber das störte sie nicht. Nur die Nachbarn.

Ein Freund, ein guter Freund,
das ist das Beste, was es gibt auf der Welt.
Ein Freund bleibt immer Freund,
auch wenn die ganze Welt zusammenfällt.
Drum sei auch nie betrübt,
wenn dein Schatz dich nicht mehr liebt.
Ein Freund, ein guter Freund,
das ist der größte Schatz, den's gibt.

(Robert Gilbert, 1899–1978)

Die Fabrik macht dicht

Das Wetter war trübe, und es wehte ein eisiger, starker Wind durch die Stadt. Die Menschen hasteten gebeugt durch die Straßen und Gassen Wiens, ihre Mäntel eng an sich gedrückt. Im matten Licht, das sich durch die schweren Wolken gekämpft hatte, wirkten alle Menschen und Mäntel wie graue Schatten. Es war kein schöner Tag, doch gerade richtig, um ihn mit seinem guten Freund bei einem Kaffee und einem Glas Wein im Café sitzend zu verbringen. Und noch besser: mit seinem Freund über die Suche nach dem Glück zu plaudern.

Max freute sich schon darauf und presste seinen Mantel noch ein wenig enger an sich, als er sich dem Hawelka mit schnellen Schritten näherte.

Während er noch mit dem Wind kämpfte, schoss ihm

plötzlich durch den Kopf: *Habe ich vergessen die Fenster zuzumachen? Wenn der Wind sie weit aufdrückt, haut's mir alle meine Notizen durcheinander.* Dann kam ihm ein noch schlimmerer Gedanke. *Und was, wenn der Wind den Regen bis zum Computer weht! Wenn es einen Kurzschluss gibt, ist alles hin. Ich weiß gar nicht, ob ich schon die Sicherheitskopie gemacht habe. Und den Laptop habe ich auch noch direkt neben dem Fenster stehen lassen; ich glaube nicht, dass ich ihn zugeklappt habe.* Max sah den Rauch und das Dampfen der kurzgeschlossenen Platinen schon fast vor sich, und er war kurz davor, umzudrehen und nach Hause zu rennen. Doch nun stand er schon vor dem Café Hawelka und konnte sehen, dass Balduin bereits an ihrem gewohnten Tisch saß und einen dampfenden Kakao vor sich stehen hatte. *Immer mit der Ruhe,* versuchte er sich zu beruhigen. *Ist doch alles Quatsch; ich weiß ja eigentlich, dass ich das Fenster zugemacht habe.* Sein Gesicht entspannte sich ein wenig. Und schon schoss ein weiterer Gedanke dazwischen. *Wenn aber nicht? Ich bin mir neunundneunzig Prozent sicher, aber eben nicht hundertprozentig.*

Während sich das Gedankenkarussell in seinem Kopf noch drehte, hatte er aus alter Gewohnheit schon die Tür geöffnet. Balduin hatte ihn bereits gesehen und winkte ihm zu. Für einen Moment stand Max wie angewurzelt da. Der Drang umzudrehen und schnurstracks nach Hause zu laufen und der Drang, seinen Freund zu begrüßen und etwas Warmes zu trinken, hielten sich die Waage. Aber nur kurz. Dann ging er zu Balduin und umarmte ihn.

»Hallo, Max. Ist alles in Ordnung? Du siehst aus, als würdest du ein wenig neben dir stehen?«

Max schüttelte nur den Kopf und sagte: »Ach, passt schon. Herr Ober, einen Obstler bitte. Und einen großen Braunen.«

»Komm Max, erzähl«, sagte Balduin. »Irgendwas ist doch los. Ich kenne dich doch. Du bestellst normalerweise nie gleich einen Schnaps, kaum dass du sitzt. Normalerweise wartest du mindestens bis nach dem ersten Kaffee.«

Max lächelte, und seine Sorgen verpufften. Fast. Ein bisschen zwickten sie noch im Hinterkopf. Also erleichterte er sein Herz bei seinem Freund. »… und jetzt sind sie weg, diese Gedanken. Ich weiß ja, dass ich das Fenster zugemacht habe. Und selbst wenn nicht – da müsste schon ein Orkan kommen, dass der Computer nass wird. Eigentlich komisch. Vielleicht ist das was für unser Glücksbuch? So etwas wie: Wenn man Sorgen hat, ist man nicht glücklich.«

Balduin hatte aufmerksam zugehört. Und er hatte nicht gelacht oder auch nur gegrinst – Max rechnete ihm das hoch an. Er selbst hätte sich sicher lustig darüber gemacht, wenn Balduin ihm eine solche Geschichte aufgetischt hätte.

»Jemand hat mir mal gesagt oder ich habe es irgendwo gelesen, dass man keine Sorgen *hat*, sondern dass wir uns Sorgen *machen*.«

Max runzelte die Stirn. »Aber warum sollte man das absichtlich *machen*? Es hat doch niemand gern Sorgen.«

»Nein, natürlich nicht«, sagte Balduin. »Aber wenn so ein Sorgengedanke kommt, hat man schon die Wahl: Du kannst ihn vorüberziehen lassen, du kannst an was Schönes denken oder du kannst den Sorgen Futter geben. Und dann werden sie immer stärker. Also *machst* du dir Sorgen.«

Max lachte kurz auf. »Guter Trick. Vielleicht hast du recht. Ich habe also gar keine Sorgen. Prima!«

»Natürlich hast du Sorgen, wenn du Sorgen hast«, sagte Balduin und klang ein wenig genervt. »Aber das ist eben kein Zufall. Denk doch mal nach! Warte, mir ist gerade eine Geschichte eingefallen. Eine indianische.«

»Erzähl! Kommen auch Cowboys darin vor?« Max nahm Balduin offenbar nicht ernst.

»Quatsch. Die Geschichte heißt ›Der schwarze und der weiße Wolf‹. Hast du die noch nie gehört?«

»Nein. Jetzt mach's nicht so spannend.«

Balduin räusperte sich und begann. »Also: Ein kleiner Indianer sitzt mit seinem Großvater am Lagerfeuer und sagt, dass er manchmal traurig und wütend ist und manchmal froh und voller Zuversicht. Da erzählt ihm der alte Häuptling, dass in der Seele jedes Menschen zwei Wölfe leben: der weiße Wolf, der gütig und nett und fröhlich ist, und der schwarze Wolf, der grantig, aggressiv und übel gelaunt ist. Und dass die beiden immer miteinander kämpfen.«

Max guckte nun doch ein wenig interessiert. »Und wer gewinnt?«

Balduin grinste. »Genau das fragt der kleine Indianer seinen Opa. Und weißt du, was er sagt? Der, den du fütterst.«

Max nickte. Die Geschichte hatte ihm offenbar gefallen. »Das ist gut. Und es stimmt: Das passt gut zu dem Sorgen *machen*. Wenn man die Sorgen mit negativen Gedanken füttert, werden sie stärker. Und wenn man seine Gedanken auf das Schöne und Gute richtet, verhungern die Sorgen.«

Die beiden Freunde schwiegen eine Weile. Dann sagte Max: »Also ja. Die Geschichte ist wirklich interessant. Auch wenn sie ein bisschen wie eine Kindergeschichte klingt und ich daran zweifle, dass sie tatsächlich indianisch ist.«

Balduin verdrehte die Augen. »Darauf kommt's doch nicht an. Hast du vergessen, über was wir gesprochen haben?«

»Nein, du hast ja recht. Es passt absolut gut zu den Sorgen. Die machen wir uns, indem wir den falschen Wolf füttern.«

»Genau.«

»Weißt du, ich finde das gilt nicht nur für Sorgen. Bei Angst und Wut ist es doch eigentlich genau dasselbe!«

Balduin nickte begeistert. »Da hast du was Schlaues gesagt. Stimmt absolut!«

»Na, tu doch nicht so, als wäre das was Besonderes – ich bin halt nun mal schlau«, sagte Max und grinste Balduin frech an.

»Und darum sag ich gern gleich noch was Schlaues – weil du's bist«, kündigte Max an. »Wenn wir uns zu viele Sorgen machen, können wir doch einfach mal die Sorgenfabrik dicht machen!«

»Sorgenfabrik?« Balduin überlegte kurz. »Das ist auch nicht dumm. Wir produzieren Sorgen, die nichts anderes als dieser ganze unnütze Kram sind, der hergestellt wird; warum also nicht einmal die Sorgenproduktion einstellen? Fragt sich nur, wie.«

»Na, genauso, wie du es gesagt hast«, erwiderte Max.

Balduin schaute seinen Freund verwirrt an.

»Schon vergessen? Die Geschichte, die du mir erzählt hast? Um die Sorgen verhungern zu lassen, müssen wir einfach den weißen Wolf füttern!«

»Ja, klar. Aber wie?«

»Oh Mann – ich glaube, du hast deine eigene Geschichte nicht verstanden. Wenn Sorgen auftauchen, füttern wir sie nicht, sondern wenden uns ab und richten unsere Gedanken auf etwas Schönes, Angenehmes und Freudvolles! Dann verhungern die Sorgen, und die Sorgenfabrik kann zumachen.«

Balduin nickte. »Ja, natürlich. Wie sieht's eigentlich mit deinen Sorgen aus?«

»Welche Sorgen?« Max klang aufrichtig erstaunt.

Aber dann fiel Max wieder ein, wie besorgt er gewesen war, als er ins Café gekommen kam, und beide mussten lachen.

»Die sind weg. Aber jetzt, wo du mich dran erinnerst …«

»Nun füttere bloß nicht wieder den schwarzen Wolf!«

Max nickte heftig. »Richtig!«

»Lass uns über etwas Schönes sprechen«, sagte Balduin.

»Genau! Aber erst wird es Zeit für einen neuen Eintrag in unser Büchlein!«

Balduin nickte und zog das Heft heraus. Er überlegte kurz, dann schrieb er:

Glückliche Menschen ernähren sich von schönen Gedanken und schließen die Sorgenfabrik.

Dann sah er Max an, der nickte und zufrieden lächelte.

Sie saßen noch eine ganze Weile im Hawelka, sprachen über ihre Träume und Einsichten und fütterten den weißen Wolf. Und als Max nach Hause kam, war er gar nicht überrascht, dass die Fenster geschlossen waren wie die Sorgenfabrik und dass alle Katastrophen ausgeblieben waren.

Max auf dem Sterbebett

Balduin kam ins Café und setzte sich zu Max. Er zog eine Zeitung aus der Tasche und schüttelte den Kopf. »Sachen gibt's!«, begann er. »Heute steht in der Zeitung, dass der letzte Wunsch einer alten Dame war, dass ihr Hund ihr Vermögen …«

»Wie viel?«, fragte Max sofort.

»Herrje, ist das wirklich das Erste, an was du denkst?«

»Ich bin halt neugierig. Aber erzähl weiter.«

Balduin verdrehte die Augen. »Zehn Millionen. Zufrieden?«

»Wenn ich die hätte …« Max' Augen bekamen einen träumerischen Ausdruck.

»Nun hat's aber der Hund bekommen«, sagte Balduin trocken. »Stell dir vor: Er hat einen eigenen Pfleger, der sich rund um die Uhr um ihn kümmert, einen Leibarzt und sogar einen Vermögensverwalter.«

»Heilige Maria!«, prustete Max und wollte sich nicht mehr einkriegen.

Balduin schmunzelte ein wenig, sagte dann aber ganz ernsthaft: »Max, was wär denn dein letzter Wunsch? Oder besser: Was würdest du am meisten bereuen, wenn du eines Tages auf dem Sterbebett liegst?«

Man sah Max an, dass er etwas Witziges sagen wollte. Aber dann beherrschte er sich doch und wurde ganz nachdenklich. Balduin überließ ihn seinen Gedanken und gab dem Ober ein Zeichen, ihnen noch zwei große Braune zu bringen. Schließlich sagte Max zögerlich: »Das ist wirklich eine interessante Frage, aber keine leichte!«

Balduin nickte. »Ja, schon. Also?«

Max versank wieder in seinen Gedanken. »Also jedenfalls nicht: Hätte ich doch mehr Geld verdient, wäre ich doch berühmt geworden oder so Zeug. Vielleicht eher so etwas wie: Hätt ich doch mehr gelernt, hätte ich doch mehr Spaß gehabt … obwohl … eigentlich kann ich nicht klagen.«

»Mir geht's ähnlich. Bisher ist mir vor allem eingefallen: Ich wünschte, ich hätte mich noch mehr um meine Freunde gekümmert. Und vielleicht wäre ich doch auch ganz gern Papa geworden.«

»Hey, Balduin, dafür ist es doch nicht zu spät! Picasso hat mit fast siebzig noch eine Tochter gehabt.«

»Der war aber auch ein Genie.«

»Dali auch. Und der hat keine Kinder gehabt.«

Die Freunde verfielen in Schweigen und schlürften nachdenklich ihren Kaffee.

»Weißt du was«, begann Balduin. »Ich glaube, was Menschen am ehesten und meisten bereuen, ist, dass sie nie wirklich das getan haben, was ihnen ihr Herz gesagt hat.«

Max hob die Augenbrauen.

»Ich glaube, dass die meisten bereuen, nicht wirklich sie selbst gewesen zu sein«, fuhr Balduin fort. »Und dass sie nicht verwirklicht haben, was in ihnen steckt.«

Max nickte. Erst ein bisschen, dann deutlicher. »Ja, ich glaube, du hast recht. Wenn ich mir vorstelle, ich würde heute vom Arzt hören, dass ich nur noch drei Monate zu leben habe, würde ich nicht allzu viel bereuen – aber alles, was ich doch bereuen würde, hängt mit Situationen zusammen, wo ich nicht wirklich ich selbst war, sondern einer angeblichen Vernunft oder Erwartungen anderer gefolgt bin.« Er sah nachdenklich nach oben. »Und dass ich nicht mehr gelacht habe.«

Balduin lächelte seinen Freund an. »Ja! Daran hatte ich zwar noch nicht gedacht, aber wo du es sagst: Mehr Lachen ist auf jeden Fall immer gut. Mit Heiterkeit seinen Herzenszielen folgen und ganz man selbst sein. Das ist doch ein gutes Motto für ein glückliches Leben, findest du nicht auch?«

»Klar«, sagte Max. »Und ich meine, dass es noch besser ist, sich das schon lange bevor man im Sterben liegt klarzumachen, sonst kommt die Einsicht nämlich ein bisschen zu spät.«

»Genau das tun wir doch gerade!«

»Also dann: Wär's nicht gut, das in unser Buch zu schreiben?«

Balduin kramte das Heft heraus und sah Max erwartungsvoll an. Der zuckte mit den Schultern. »Eigentlich genau das, was du eben gesagt hast.«

Balduin guckte kurz etwas verwirrt. Dann aber setzte er den Stift aufs Papier und schrieb:

Glückliche Menschen folgen
mit Heiterkeit ihren Herzenszielen.

Und dann schrieb er noch dazu:

Wer sein Leben selbst bestimmt,
bereut weniger im Leben.

Max nickte und grinste. »Und wer bestimmt nun, welchen Wein wir bestellen?«

»Ich!«, sagte Balduin und ließ eine Flasche *Grüner Veltliner Bergdistel Smaragd 2017* kommen.

Ob sie beide an diesem Abend ihren wahren Herzenszielen folgten, wussten sie später nicht mehr so genau.

Aber an Heiterkeit mangelte es nicht.

Himmlische
Fragen

Als Max ins Café kam, waren Balduin und Lili tief in ein Gespräch über Gott und die Religion vertieft. Sie bemerkten zuerst gar nicht, dass sich Max ihrem Tisch näherte. Lili, auch wenn man es ihr in der Regel nicht anmerkte, war ziemlich gläubig. Sie war keine Christin, die nur zu Weihnachten oder Ostern in die Kirche ging, sondern sie glaubte mit ganzem Herzen an Jesus. Und Balduin? Der interessierte sich zwar für alle Religionen, wie Max wusste, doch als gläubig konnte man ihn nun wirklich nicht bezeichnen.

Schließlich bemerkte Balduin endlich, dass Max schon

neben ihm stand. »Schau mal Lili, da ist unser hartgesottener Atheist. Ihr werdet sicher euren Spaß miteinander haben.«

»Was erzählst du denn da, Balduin?«, beschwerte sich Max. »Nein, ich bin kein Atheist, sondern Agnostiker. Ich weiß nämlich, dass ich auch falsch liegen könnte!«

Lili sah Balduin triumphierend an und wandte sich dann Max zu. »Du glaubst also teilweise doch irgendwie an Gott, stimmt's?«

»Um Himmels willen!«, sagte Max mit gespieltem Entsetzen. »Nicht ein bisschen! Aber, nun ja. Ich kann eben nicht ausschließen, dass ein finnisch sprechendes Eichhörnchen im Tütü plötzlich hier auf dem Tisch erscheint. Ich halte es nur für sehr sehr unwahrscheinlich. Und dass es Gott gibt, kommt mir noch ein bisschen unwahrscheinlicher vor.«

Balduin lachte, aber Lili schüttelte empört den Kopf. »Sehr witzig. Aber an irgendwas muss man doch glauben!«

»Ich weiß nicht«, sagte Balduin. »Also ich glaube an keinen der vielen tausend Götter, aber ich glaube auch nicht an das Gegenteil.«

»Dann bist du ja wie ich Agnostiker. Aber Lili, wieso *muss* man was glauben?«, fragte Max. »Ich versteh das nicht. Warum? Wozu? Ich sehe mir die Dinge an, wie sie wirklich sind – an die muss ich doch nicht glauben. Die sind auch ohne Glauben da. Die Götter nicht.«

Lili schüttelte wieder heftig den Kopf. »Ich glaube, du betrügst dich selbst. Du glaubst nur an Wissenschaft.«

»Oje«, sagte Max. »Nein, ich glaube nicht *an* die Wissenschaft. Vielleicht glaube ich *der* Wissenschaft. Zumindest vertraue ich der wissenschaftlichen Methode: Wenn du eine Behauptung aufstellst, willst du doch etwas Wahres sagen. Und wie kannst du das feststellen? Indem du überprüfst, ob deine Behauptung zutreffende Voraussagen macht oder nicht.

Wissenschaft heißt genau hinsehen, Fragen stellen, sich ver-
ändern, wenn man sich geirrt hat. Erforschen ist doch das genaue Gegenteil von Glauben!«

Lili konnte sich damit offensichtlich nicht anfreunden.
»Wenn du an nichts glaubst, was für einen Sinn hat dein Leben dann?«

Max sah sie mit großen Augen an. »Genau denselben, den
es hätte, wenn ich mir einen Gott ausdenken würde!«

»Aber du hast dann überhaupt keinen Grund, irgendetwas zu tun. Dann tust du einfach, was du willst, völlig ohne
jede Moral!« Lili schien ziemlich aufgebracht. Doch dann be-
ruhigte sie sich wieder und legte Max beschwichtigend die
Hand auf den Arm. »Ich weiß natürlich, dass du ein ganz
Lieber bist, Max.«

Max schüttelte den Kopf. »Lili, wärst du denn wirklich plötzlich ein gewissenloser, unmoralischer, boshafter
Mensch, wenn dir jemand mit völliger Sicherheit beweisen
würde, dass es keinen Gott gibt?«

Lili schüttelte den Kopf. »Das kann ich mir gar nicht vorstellen. Aber warum sollte man als Atheist nicht unmoralisch
sein – wenn es doch völlig egal ist und wenn Gott einen nicht
für Missetaten bestraft?«

Balduin runzelte die Stirn. »Lili, weißt du, was du damit
sagst? Du sagst, dass du nur aus Angst vor Strafe ein guter
Mensch bist – sonst würdest du ganz anders sein. Das meinst
du doch hoffentlich nicht so!«

Lili zögerte ein wenig. »Nein, natürlich meine ich das nicht.
Aber es muss doch Regeln geben.«

»Klar«, sagte Balduin. »Aber die gibt es in jeder Kultur. Die
Buddhisten haben, soweit ich weiß, keinen Gott. Und sind
das nun alles gewissenlose Schurken ohne Anstand und Moral? Ich glaube kaum.«

Max nickte. »Eher im Gegenteil, würde ich sagen.«

»Ihr seid beide gegen mich«, sagte Lili und sah halb traurig, halb trotzig drein.

»Aber Lili, du kennst uns doch nun schon so lange«, sagte Balduin.

»Ich will dich doch auch gar nicht von deinem Glauben abbringen, Lili«, sagte Max. »Nur möchte ich dir gerne einen wichtigen Unterschied zwischen Religion und Wissenschaft erklären: Wissenschaft *will* Widerspruch und Veränderung. Tatsächlich ist es genau das, was Wissenschaft macht: nach Fehlern in den eigenen Vorstellungen suchen. Religion will *keinen* Widerspruch und keine Veränderung.«

»Das ist doch Quatsch«, ereiferte sich Lili. »Du willst doch wohl nicht behaupten, dass die Religion von heute noch mit der im Mittelalter zu vergleichen wäre. Die Kirche hat sich weiterentwickelt, und sie tut so viel Gutes! Ich finde es gemein, wenn man die Kreuzzüge und die Hexenverfolgungen nimmt, um die Religion schlechtzumachen. Jesus hat schließlich Liebe gepredigt! Und denk nur an Hitler, Stalin oder Mao: Die waren Atheisten!«

Max schüttelte den Kopf. »Mal abgesehen davon, dass Hitler und Stalin christlich erzogen wurden – das ist gar nicht der Punkt. Die haben sich selbst zu gottähnlichen Gestalten gemacht – und die Menschen sind ihnen blind gefolgt. Wie bei einer Religion! Das Hinterfragen war da genauso wenig erwünscht wie bei den traditionellen Glaubensrichtungen.«

Balduin hob die Hand. »Leute, jetzt beruhigt euch wieder. Überlegt doch mal, ob ihr nicht doch Gemeinsamkeiten habt. Weißt du, wo ich aufgehorcht habe, Max?«

»Nein«, murmelte Max.

»Du hast nämlich etwas gesagt, von dem ich glaube, dass du und Lili ganz auf einer Linie liegt.«

Beide guckten ihn neugierig an.

»Du hast gesagt, dass du der wissenschaftlichen Methode *vertraust*. Vielleicht ist Vertrauen in gewisser Weise ein anderes Wort für Glauben?«

Lili nickte: »Ja, ich habe Vertrauen in Gott.«

Max wackelte mit dem Kopf und brummelte. »Naja.«

»Du vertraust der wissenschaftlichen Methode«, sagte Balduin.

»Ja, natürlich.«

»Und du, Lili, vertraust Gott.«

»Ja, natürlich!«

»Ihr beide vertraut also. Und zwar in etwas, dass über euren kleinen Menschenverstand hinausweist. Ob man es nun Höhere Macht, das Universum, Gott oder das Sein nennt, ist doch egal, meint ihr nicht?«

»Naja«, sagte Max zweifelnd. »Wenn du die Wahrheit über die wirkliche Welt herausfinden willst, kommst du mit der Bibel wohl kaum weiter.«

»Und wenn du etwas über die geistige Welt herausfinden willst, kommst du mit einem Physiklehrbuch nicht weiter«, konterte Lili.

»Hey, lasst uns mal wieder auf die Erde runterkommen«, beschwichtigte Balduin. »Wir waren doch beim Thema Vertrauen. Mir scheint, dass Menschen, die vertrauen können, glücklicher sind. Denn wer nicht vertraut, misstraut. Er richtet seinen Blick auf das Böse.«

Lili und Max schwiegen und dachten nach.

Schließlich meinte Max: »Aber warum Gott vertrauen und nicht sich selbst?«

»Weil Gott größer ist als du.«

»Ach?«, sagte Max ironisch. »Ist er drei Meter fünfzig groß? Vielleicht ist die Wahrheit aber noch größer!«

Balduin lächelte. »Ich finde, dass das Staunen größer als beide ist. Wir werden nie alles wissen. Nicht die Menschheit als Ganzes und schon gar nicht wir. Das zu erkennen und Vertrauen in das Unfassbare zu haben, das scheint mir doch ganz gut zu sein, was meint ihr?«

»Ich vertraue meinem Verstand und der Wissenschaft. Aber du hast schon auch irgendwie recht«, sagte Max.

»Ich vertraue meinem Gefühl und Gott«, sagte Lili. »Aber was du gesagt hat, Balduin, die Sache mit dem Staunen – das gefällt mir auch.«

Max und Lili diskutierten noch eine ganze Weile über Gott, die Welt, Kirche und Religion – aber nicht mehr so verbissen.

Balduin hielt sich da lieber raus und schrieb ins Heft:

Menschen, die vertrauen und staunen können, haben's leichter mit dem Glücklichsein.

Und er vertraute darauf, dass Max und Lili irgendwann den lieben Gott wieder einen guten Mann sein lassen würden. So war's schließlich auch und Balduin schmunzelte vergnügt in sich hinein und staunte, wie schnell die beiden wieder ein Herz und eine Seele waren.

Robert und der Richter

Max und Balduin versuchten, Robert zu beruhigen. Das Gericht hatte ihm zweihundert Euro aufgebrummt, weil er mal wieder zu schnell gefahren war. Das mit dem Beruhigen wollte aber nicht so recht klappen, da sowohl Max als auch

Balduin das Fahren mit überhöhter Geschwindigkeit doof fanden.

»Aber ungerecht ist es trotzdem!«, sagte Robert. »Auch andere sind schnell gefahren. Und überhaupt sind diese Schleicher im Verkehr daran schuld, dass man die Geduld verliert. Zweihundert Euro. Prost Mahlzeit! Dafür kann ich zehnmal auf dem Gehweg parkieren!«

Balduin und Max sahen sich an und schüttelten den Kopf.

»Ungerecht!«, rief Robert noch einmal, gerade als Lili ins Café Hawelka kam.

Lili verzog das Gesicht. »Erzähl du doch nichts von wegen ungerecht! Ich habe gestern den Fehler gemacht, eine Doku über die Armut und den Hunger in der Welt anzusehen. Ich könnte heulen.« Und tatsächlich schimmerte es schon verdächtig in ihren Augen.

Robert sah ein wenig betreten aus. Vielleicht waren die zweihundert Euro nicht wirklich schlimm. »Ja, es geht wirklich nicht gerecht in der Welt zu«, sagte er und meinte tatsächlich nicht sich selbst.

»Mit der Gerechtigkeit ist es ähnlich wie mit der Wahrheit«, sagte Max, während er nachdenklich in seinem Kaffee rührte. »Beinahe jeder glaubt zu wissen, was es mit ihr auf sich hat, doch jeder meint etwas anderes.«

Lilli, Robert und Balduin sahen ihn verdutzt an.

»Gerechtigkeit ist Gerechtigkeit«, sagte Lili mit Nachdruck.

»Meinst du mit Gerechtigkeit die absolute Gleichbehandlung?«, fragte Max.

»Klar!«, sagte Lili.

»Also wenn Fritz, Peter und Eva drei Stück Torte gerecht teilen sollen, so bekommt jeder ein Stück.«

Lili nickte. »Das wäre doch auch richtig so, oder?«

Max grinste. »Was aber nun, wenn Fritz und Peter übergewichtige Bälger mit reichlich Taschengeld sind, Eva aber unterernährt ist und kein Geld hat? Wäre es dann nicht gerechter, Eva einen größeren Anteil zu geben?«

Lili guckte ein wenig verwirrt. »Ja, das stimmt. Gerechtigkeit heißt auch, Schwächen auszugleichen. Aber das bedeutet auch, dass alle gleich behandelt werden, oder? Also dass jeder bekommt, was er braucht.«

»Ja, vielleicht. Aber was soll nun gleich behandelt werden? Die Menge, der Mangel oder ...«, meldete sich Balduin zu Wort.

Max hob die Augenbrauen. »Eben. Da komm ich gleich drauf. Aber erst mal: Was nun, wenn Peter und Eva pappsatt sind, Fritz hingegen schon eine Stunde lang nichts gegessen und ordentlich Heißhunger hat? Zwar ist Peter dick und Eva dünn, aber beide würden höchstens ein halbes Stück Torte hinunterbringen. Fritz hingegen hätte auch mit einer ganzen Torte kein Problem. Wäre es nicht gerecht, Fritz zwei Stücke zu geben und den beiden anderen jeweils ein halbes?«

Lili und Robert guckten verwirrt, doch Balduin sagte: »Auch das stellt Gleichheit her. Nämlich die des Zieles, also in unserem Beispiel der Befriedigung des kindlichen Tortenhungers.«

»Wo du von Hunger sprichst«, sagte Robert. »Wollen wir nicht mal was zum Essen bestellen?«

»Warte noch kurz«, sagte Max, der so richtig in Fahrt kam. »Bisher haben wir Gerechtigkeit als Zustand definiert, der gegeben ist, wenn Gleichheit herrscht. Was aber nun, wenn der fette Fritz und der dicke Peter die dünne Eva gerade vor der Tortenverteilung an den Haaren gezogen und ihre Puppe kaputtgemacht haben? Wäre es dann nicht gerecht, die beiden Bürschchen leer ausgehen zu lassen?«

Lili dachte nach und runzelte die Stirn. Schließlich sagte sie: »Ja, auch diese Art von Gerechtigkeit muss es geben. Sonst kommen die Bösen immer gut weg.«

Max war im Dozentenmodus und hob den Zeigefinger. »Nun haben wir immerhin schon vier Gerechtigkeiten und es gibt sicher noch ein paar andere. Jede Form von Gerechtigkeit bringt allerdings auch Probleme. Im Grunde bedeutet Gerechtigkeit, Gleiches gleich zu behandeln. Die Frage ist nur: Was soll denn gleich sein?«

Lili guckte etwas ratlos. »Mensch, Max, du machst es aber kompliziert. Wo ist denn das Problem? Bist du etwa gegen Gerechtigkeit?«

»Quatsch, natürlich nicht. Nur meine ich, dass es zu billig ist, einfach nur zu sagen, dass es gerecht zugehen sollte. Das sollte es zwar. Aber auch wenn da jeder zustimmt, meinen eben nicht alle dasselbe.«

Robert nickte. »Du hast schon irgendwie recht. Wenn man alle Menschen völlig gleich behandelt, ist das auch wieder ungerecht. Beim Kommunismus sollen, jedenfalls theoretisch, alle gleich sein, zumindest was das Materielle betrifft. So super hat das aber nicht hingehauen.«

»Ganz und gar nicht … Es stellt sich nämlich die Frage, ob denn jeder Mensch wirklich gleich ist?«

»Hm, mal sehen«, sagte Balduin, guckte seine Freunde an und grinste breit. »Nö.«

»Haha, sehr witzig«, meinte Max. »Natürlich sehen wir nicht alle gleich aus, das ist wohl klar. Aber auch was den Charakter oder die Persönlichkeit betrifft, wird kaum jemand behaupten wollen, dass alle Menschen gleich sind. Es muss also etwas Tieferes sein, das allen Menschen gleich ist.«

»Gar nicht so leicht«, sagte Robert nachdenklich. »Die Sprache, der aufrechte Gang, die Gene? Es gibt stumme und gelähmte Menschen. Und Menschen mit Downsyndrom haben sogar ein ganzes Chromosom mehr.«

Lili guckte mittlerweile verzweifelt. »Herrje, jetzt weiß ich gar nicht mehr, was Gerechtigkeit ist. Und trotzdem glaube ich fest daran, dass Gerechtigkeit herrschen sollte!«

Max lachte und legte ihr die Hand auf den Arm. »Da gebe ich dir vollkommen recht, Lili. Nur ist es eben komplizierter, als man denkt.«

Balduin sagte: »Was haltet ihr denn von der Maxime »Jedem das Seine«?«

»Das klingt gut, aber selbst das hat einen Haken: Jedem das, was er verdient, oder jedem das, was er benötigt? Und wie stellt man das, was jemand benötigt, überhaupt fest? Oder wie, was jemand verdient?«, fragte Max.

»Tja, Gerechtigkeit ist eben ein großes Wort«, resümierte Balduin. »Doch um wirkliche Gerechtigkeit walten zu lassen, bräuchte man einen weisen Gerechten. Und der ist nicht so leicht aufzutreiben. Selbst wenn man wüsste, was nun Gerechtigkeit eigentlich ist.«

»Und trotz all dieser schlauen Worte sind Menschen glücklicher, wenn es gerecht zugeht«, erwiderte Lili mit fester Stimme.

Alle nickten.

Und Balduin sagte: »Mir ist gerade etwas von Aristoteles eingefallen, der gesagt hat, dass es Gerechtigkeit nur bräuchte, wenn die Freundschaft versagt.«

Als alle ihn fragend ansahen, fügte er hinzu: »Aristoteles hat dann auch noch gesagt: Ideal ist es, wenn alle Menschen Freunde sind. Aber das ist leider nicht der Fall. Und daher sollte man für möglichst viel Gerechtigkeit sorgen, dann sind alle Menschen glücklicher!«

Und er zog das Glücksheft heraus und schrieb:

Gerechtigkeit macht die Menschen glücklicher. Nur die Gierigen nicht.

Dagegen hatte keiner etwas einzuwenden. Und warum auch? Sie brauchten keine Gerechtigkeit, denn sie waren schließlich gute Freunde. Und deshalb bestellten sie eine Flasche Champagner und stießen auf die Freundschaft und, wenn's denn nötig wäre, auf die Gerechtigkeit an.

Balduin und Max begeben sich auf eine Reise

Wie die Idee überhaupt entstanden war, wussten sie später nicht mehr so genau. Klar war nur, dass alles im Café Hawelka begonnen hatte. Sie hatten über dies und jenes gesprochen, irgendwie waren sie auf die erstaunlichen Fähigkeiten von Apnoetauchern gekommen, die bis zu zwanzig Minuten die Luft anhalten können, von diesen auf Fische und von dort auf Korallenriffe. Und irgendwann sagte Max schließlich, dass er immer schon einmal in die Karibik hatte fahren wollen.

»Prima, dann lass uns hinfahren«, meinte Balduin sofort.

»Klar, hört sich gut an. Wenn es sich mal ergibt … Fische, Riffe, Sand und Sonne. Dort soll es wie im Paradies sein. Der Zustand der Glückseligkeit!«

»Das passt doch wunderbar zu unserer Glückserforschung! Dann sehen wir's uns doch mal an, das Paradies! Das Orchester hat gerade Pause. Ich bin also frei. Warum nicht morgen oder meinethalben übermorgen. Du kannst dir als Freiberufler deine Zeit doch frei einteilen – also kannst du eh immer.«

Max war völlig überrumpelt. »Meinst du das jetzt wirklich ernst?«

»Ja, freilich. Warum denn nicht?«

»Also erstens: Man braucht ein Flugticket. Zweitens: Man braucht vielleicht Impfungen und Visa. Drittens: Eine solche Reise muss doch vorbereitet werden!«

»Ach? Erstens: Ein Ticket können wir gleich im Reisebüro kaufen. Zweitens: Man braucht weder ein Visum noch Impfungen. Drittens: Vergiss es! Das ist doch gerade der Spaß!«

Max fand es zuerst völlig verrückt, aber dann kam ihm der Gedanke: Warum nicht?

Sie zahlten ihren Kaffee, gingen ins Reisebüro, buchten ein Last-Minute-Ticket, packten zu Hause ihre Koffer … und am Abend standen die beiden im Flughafen. Balduin hatte ein Strahlen in den Augen, als spiegele sich bereits die karibische See in ihnen. »Mensch, Max, ich glaub's nicht – wir fliegen tatsächlich in die Südsee!«

»Äh, nein.«

Balduin guckte ihn mit großen Augen an. »Nicht?«

»Die Karibik liegt doch nicht in der Südsee. Balduin, wenn du so gerne verreist, dann verreise doch mal auf der Landkarte.« Er wollte es nicht gern zugeben, aber er hatte ein wenig Angst vor dem Fliegen und war ein bisschen nervös.

»Aber Palmen, Sand, Meer und Sonne gibt's da auch.«

Achtzehn Stunden später checkten sie in das kleine Hotel »Villa Taina« in dem Örtchen Cabarete ein. Vom Meer hatten sie noch nichts gesehen, denn es war schon dunkel. In den Tropen geht die Sonne früh unter. Aber sie rochen den verheißungsvollen Duft des Meeres und hörten den verlockenden Ruf der rauschenden Wellen.

Kaum hatten sie ihre Koffer in das große Zimmer geschleppt, zog es sie hinaus. Der Strand lag direkt vor dem Hinterausgang des Hotels, und das Meer war nur zwanzig Meter entfernt. Obwohl es dunkel war und die Sterne – viel mehr Sterne, als in Wien je zu sehen waren – am Himmel standen, war es belebt. Es herrschte Partystimmung. Musik erklang aus Dutzenden von gemütlichen Strandbars, wo die Leute Cocktails schlürften. Alle sahen glücklich aus.

»Max, ich glaube, wir sind hier wirklich im Paradies gelandet!«

Max guckte etwas skeptisch. Aber auch er fühlte sich, als ob er gleich ein paar Luftsprünge machen müsste. Langsam trabten die beiden zum Meer, zogen die Schuhe aus und ließen ihre Zehen das Meer kosten. Es schmeckte den Zehen herrlich.

Waren sie nun also tatsächlich im Paradies gelandet? Max und Balduin fühlten sich jedenfalls erst einmal so, als ob sie dort wären. Aber da sie sich vorgenommen hatten, das Glück zu erforschen, wollten sie wissen, wie sich die Paradiesbewohner hier fühlten. Balduin sprach recht gut Spanisch, seit er mit José, dem mexikanischen Koch-Bassisten, befreundet war, und so fragte er gleich am zweiten Tag das Zimmermädchen, Marisol, ob sie denn glücklich sei.

Und siehe da: Marisol war glücklich. Ja, sie verdiente wenig, aber ihr Job machte ihr Spaß, und sie sprach gern mit den Besuchern aus aller Welt.

»Siehst du!«, sagte Balduin. »Im Paradies sind die Menschen glücklich, auch wenn sie nicht im Luxus leben.«

Max zuckte nur mit den Schultern. Er hatte nichts dagegen einzuwenden. Aber so ganz geheuer war ihm die Sache nicht. War es so einfach? Sollten er und Balduin einfach in die Karibik auswandern und fortan wie im Garten Eden leben?

Als Nächstes sprach Balduin mit Pablo, dem Souvenirverkäufer am Strand. Und das Paradies bekam seinen ersten Riss. Pablo war nämlich ganz und gar nicht glücklich. Er klagte über sein hartes Leben, nur um seine Frau und die drei Kinder zu ernähren. Er wollte mehr, er beneidete die Europäer und Amerikaner, die hier den Luxus genossen. Die Geschäfte liefen schlecht, am liebsten würde er, wie seine Cousine, nach Europa auswandern, aber er bekäme kein Visum. Balduin und Max verspürten ein schlechtes Gewissen und kauften ihm ein paar Ketten und zwei Sonnenbrillen ab.

»Hm, auch im Paradies scheint es nicht immer so paradiesisch zu sein«, sagte Max, und Balduin nickte betrübt.

In der ersten Woche war es dennoch im Großen und Ganzen nahezu perfekt. Doch in der zweiten Woche wurde es anders. Im Grunde gab es zwar nichts auszusetzen, denn eigentlich war alles gleich geblieben. Vielleicht war das aber genau das Problem: Äußerlich war immer alles gleich – aber ihre Gefühle hatten sich verändert.

»Auf Dauer wäre das Paradies nichts für mich«, sagte Max am zehnten Tag.

»Und was machst du dann, wenn du in den Himmel kommst?«

»Ich glaube nicht daran, dass das Paradies ein Ort ist, Balduin.«

»Sehr ulkig. Nein, natürlich nicht – du glaubst ja auch nicht an Gott.«

»Stimmt. Aber ans Paradies schon.«

»Aber hier ist es nicht? Schau – hier sieht man doch viel mehr glückliche Gesichter als zu Hause. Cabarete ist auf jeden Fall eher der Himmel als Wien.«

»Sicher – aber überleg doch mal«, sagte Max. »Wir sehen vor allem Touristen, die die Wärme, das Meer und das Nichtstun genießen, während sie sonst im Büro sitzen würden. Klar sind sie am Strand glücklicher. Und dann glauben sie eben, die Karibik sei das Paradies.«

»Typisch Max. Ganz schlau analysiert. Kannst du es nicht einfach genießen?«

»Doch, aber das geht auch ohne rosarote Brille.«

Balduin ließ sich nicht beirren. »Weißt du was: Ein bisschen rosarote Brille würde dir nicht schaden, denn dann kannst du noch besser genießen. Und das Genießen – das ist ja eben das Paradies!«

»Ach so meinst du das. Ja, da ist vielleicht was dran. Dann wäre das Paradies tatsächlich kein Ort, sondern ein Zustand. ›Das Paradies ist der Zustand des Glücks‹.«

Balduin und Max schwiegen eine Weile und sahen wehmütig auf das Meer. Sie wussten beide, dass sie es vermissen würden.

»Nun«, sagte Max schließlich. »Ich glaube eigentlich auch nicht, dass das Paradies – oder das Glück – ein Zustand ist.«

Balduin runzelte die Stirn. »Jetzt verstehe ich langsam gar nichts mehr! Das Paradies ist kein Ort, sagst du. Und ein Gefühlszustand ist es auch nicht? Ich dachte, da hättest du etwas Schlaues herausgefunden: Also: Was ist das ›Paradies‹ denn bitte dann, wenn es weder Ort noch Gefühl ist?«

Max blickte aufs Meer und dachte nach.

»Ich glaube, dass das Paradies wie auch das Glück eine Reise ist.«

»Wie? Irgendeine Reise?«

Max sah Balduin verwundert an. »Nein, nicht irgendeine Reise – was ich meine, ist, eine Reise der Seele zu dem Ort in dir, wo das Glück wohnt.«

»Haha«, lachte Balduin. »Jetzt widersprichst du dir aber: Das Paradies ist kein Ort und kein Zustand, und jetzt soll es der innere Ort sein, wo das Glück wohnt! Also ein Ort, wo ein Zustand wohnt.«

»Ich weiß, das klingt ziemlich paradox. Aber der Witz ist

doch der: Diesen inneren Ort, wo das Glück wohnt, den gibt's natürlich nicht – und bei der Seele bin ich mir auch nicht so sicher. Es ist die Reise!«, rief Max. »Die Reise, die zu einem Ort führt, den es nicht gibt. Verstehst du? Es ist wie bei einer Fahrt im Kettenkarussell. Du kannst den perfekten Moment nicht einfrieren, weil es keinen perfekten Moment gibt – das Ringelspiel macht halt nur Spaß, wenn es richtig umadum geht.«

»Das klingt, als sollten wir endlich mal wieder etwas in unser Glücksbuch schreiben.«

»Ja, aber was? Karussellfahren macht glücklich?«

»Ich weiß nicht recht, das trifft es nicht genau.«

»Vielleicht: Das Glück ist nicht da, sondern passiert.«

»Oh ja, das klingt schon besser. Also wer glücklich ist, tut irgendetwas – und sei's nur am Strand zu sitzen und aufs Meer zu blicken«, erwiderte Balduin.

Er nahm das Heft zur Hand und notierte:

*Das Glück ist kein Zustand,
sondern eine Reise.*

Und dann saßen sie noch ein Stündchen am Strand und ließen das Glück einfach passieren, bis der Bus kam.

Als sie das nächste Mal im Café Hawelka beisammensaßen, passierte das Glück immer noch, wenn sie an die schöne Zeit in Cabarete dachten.

Und wenn es nicht aufgehört hat zu passieren, passiert es immer noch.

Autorenkontakt

Mail:
longschweppe@gmail.com
Internet:
www.longschweppe.de
Instagram:
longschweppe